De l'âme

François Cheng
de l'Académie française

De l'âme

Sept lettres à une amie

Albin Michel

IL A ÉTÉ TIRÉ DE CET OUVRAGE

*Vingt-cinq exemplaires sur vergé blanc chiffon, filigrané
des Papeteries Royales Van Gelder Zonen, de Hollande,
dont quinze exemplaires numérotés de 1 à 15
et dix exemplaires, hors commerce, numérotés de I à X.*

© Éditions Albin Michel, 2016

Première lettre

Chère amie,

Lorsque j'ai reçu votre première lettre, je vous ai répondu immédiatement. Avoir de vos nouvelles plus de trente ans après m'a procuré une telle émotion que ma réaction ne pouvait être qu'un cri instantané. Votre deuxième lettre, que j'ai sous les yeux, je l'ai gardée longtemps avec moi, c'est seulement aujourd'hui que je tente de vous donner une réponse. La raison de ce retard, vous l'avez sans doute devinée, puisque votre missive contient une singulière injonction.

« Sur le tard, m'écrivez-vous, je me découvre une âme. Non que j'ignorais son existence, mais je ne sentais pas sa réalité. S'ajoute à cela le fait que, autour de moi, personne ne prononçait plus ce mot. Cependant, à force de vivre, de me délester de pas mal de choses, s'impose à moi cette entité irréductible, à la fois intangible et charnellement réelle. Elle m'habite au centre et ne me lâche plus. Et puis, un jour, je me suis souvenue de cette rencontre – si lointaine, si estompée, on dirait dans une autre vie – lors de laquelle, en passant, vous aviez glissé le mot dans notre conversation. J'étais trop jeune pour le saisir au vol. Entre-temps, j'ai lu certains de vos écrits. À présent je suis tout ouïe ; acceptez-vous de me parler de l'âme ? Il me semble qu'à partir de là, tout redeviendrait essentiel, ouvert. »

Face à votre requête, que j'avais besoin de réécrire ici mot à mot, mon premier mouvement était de me dérober. L'âme n'est-elle pas justement cette chose dont on ne doit pas parler, au risque d'incommoder ? On ne doit ni ne peut. Qu'on s'y hasarde, et l'on se découvre aussi démuni que celui qui chercherait à définir par exemple ce qu'est le temps, la lumière ou l'amour. Pourtant, ce sont là des éléments dont aucun de nous ne saurait nier l'existence, et dont notre existence même dépend.

Est-ce à dire que je me résigne à vous opposer mon silence ? Non. Peu après vous avoir lue, je me suis ravisé. Parce que votre phrase : « Sur le

Première lettre

tard, je me découvre une âme », je crois l'avoir dite à maintes reprises moi-même. Mais je l'avais aussitôt étouffée en moi, de peur de paraître ridicule, ringard. Tout au plus, dans quelques-uns de mes textes et poèmes, j'avais osé user de ce vocable désuet, ce qui sûrement vous a autorisée à m'interpeller : « Parlez-moi de l'âme. » Sous votre injonction, je comprends que le temps m'est venu de relever le défi, autrement dit de m'armer de courage pour affronter les vents contraires. Où sommes-nous, en effet ? En France. Ce coin de terre censé être le plus tolérant et le plus libre, où il règne néanmoins comme une « terreur » intellectuelle, visualisée par le ricanement voltairien. Elle tente d'oblitérer, au nom de l'esprit, en sa compréhension la plus étroite, toute idée de l'âme – considérée comme inférieure ou obscurantiste – afin que ne soit pas perturbé le dualisme corps-esprit dans lequel elle se complaît. À la longue, on s'habitue à ce climat confiné, desséchant. Chose curieuse, il semble que ce phénomène soit avant tout hexagonal, qu'ailleurs le mot en question se prononce plus naturellement, sans susciter grimace ou haussement d'épaules, bien que là aussi son contenu soit devenu souvent vague et flou.

Ici donc, l'idée de l'âme tend à s'effacer de

notre horizon, pour ne subsister que dans des expressions toutes faites que la langue nous a conservées : « en mon âme et conscience », la « force d'âme », un « supplément d'âme », « âme sœur », « âme damnée », « la mort dans l'âme », « sauver son âme », etc. Pour désigner la réalité que le mot « âme » avait charge de recouvrir, on a recours à une série de termes toujours plus nombreux et mal définis qui saturent notre univers mental. On nous parle du « monde intérieur », de l'« espace intérieur » ou, plus banalement, du « for intérieur ». On nous entretient du « champ », de la « profondeur » et, dans des cas particulièrement dramatiques, du « gouffre », de l'« abîme ». Plus poétique, on userait d'expressions telles que « paysage intime », « jardin secret »... Plus théorique, on partirait de l'idée de psyché pour avancer les notions d'« appareil psychique », de « centre d'identité ». Du côté plus spécifique de la psychanalyse nous vient un riche vocabulaire qui tente de cerner les aspects à la fois imbriqués et éclatés de notre être intime : l'« inconscient » bien sûr, qu'il soit individuel ou collectif, le « moi », le « surmoi », le « ça », les « pulsions »...

Devant cette avalanche de notions ou concepts, le quidam moderne se sent perdu.

Première lettre

L'unité de son être est rompue. Il le perçoit comme un ramassis d'éléments disparates arbitrairement collés les uns aux autres, une figure fragmentée, bardée de références qui ne renvoient pas à une vraie unité personnelle. S'il ose se mettre devant un miroir, face à son image divisée, il ne sait plus où donner de la tête ni à quel saint se vouer. Véritable portrait à la Picasso ou à la Bacon ! Bref, il est réduit à « un misérable petit tas de secrets », comme disait André Malraux, et il ne sait plus comment faire de ce « tas un tout », selon l'expression de Régis Debray. Il a tendance à faire appel à des marchands de bonheur et des chirurgiens visagistes pour lui venir en aide, pour lui refaire une figure apparemment cohérente selon un canon fixé par on ne sait quel arbitre social. Figure d'emprunt à laquelle il manque peut-être justement un élément, essentiel celui-là : l'âme.

Je vous écris de Touraine, où je suis venu chercher un peu de repos. Un printemps précoce m'y accueille. Subitement en fleurs, paulownias et cerisiers irradient les vieux murs de leurs éclats violets et roses. Ravis de retrouver le vert tendre au bout des rameaux et le vert plus foncé des gazons parsemés de perce-neige, les oiseaux partout s'éveillent. Moineaux et mésanges picorent les graines du sol en échangeant des cris de contentement, et tout le coteau en écho n'est plus qu'attente. Dans le ciel, les hirondelles de retour cisaillent l'air, telles les « petites mains » qui préparent, fébriles, le premier défilé de l'année. Vers le soir, les eaux du fleuve sont au rendez-vous du couchant. Elles consentent à se muer en nuages flamboyants, selon les lois de la transfiguration. L'univers, immensément là, se montre un instant miraculeusement émouvant ; et quelqu'un perdu là, au sein de l'éternité, un instant, l'a vu et s'est ému. Tout cela relève, je le sais, de l'âme. Je me reporte alors à cet instant d'il y a près de quarante ans.

Nous étions jeunes – vous bien plus que moi – et nous nous trouvions dans le métro. Moi assis sur un strapontin, et vous assise sur celui d'en face. Fasciné, je me demande : « D'où vient cette beauté ? Comment se fait-il *qu'il y ait* cette beauté ? Et pourquoi soudain est-elle là, cette beauté proprement impossible, offerte à ma vue ? » Ma fascination cède la place à la stupéfaction lorsque, souriante, vous quittez votre siège et venez vous asseoir à côté de moi.

Qu'est-il arrivé ? J'étais un auteur peu connu et vous m'avez *reconnu* au milieu de la foule anonyme. Nous avons, bafouillant d'émotion, tenu conversation le temps d'un trajet. Entre autres choses, je vous ai, tout de go, posé la question : « Comment assumez-vous votre beauté ? Et sachant que vous aspirez à une beauté autre, comment quelqu'un peut-il vous assumer ? » D'un sourire ingénu, vous avez répondu : « Si beauté il y a, il faut bien que je l'assume. Quant à quelqu'un d'autre, s'il est autre, comment mesurer sa capacité à assumer ? »

Nous nous sommes revus à plusieurs reprises, vous n'avez pas manqué de me demander d'expliciter ce que j'entendais par « assumer la beauté ». Je me souviens vous avoir lancé cette réponse lapidaire : « Parce que la beauté implique toujours un destin ! » Et puis j'ai poursuivi : « Devant une femme étonnamment belle, on est remué sinon bouleversé. Dans le même temps, on éprouve une tremblante appréhension ou, plus exactement, une tendre compassion. On est en présence d'une sorte de miracle de la nature, un don proprement divin ; en cela même, cette beauté, telle une fine porcelaine, est fragile. On s'interroge : qu'est-il arrivé là ? D'où vient que cette beauté soit, et qu'elle suscite émerveillement, émoi, quête – ou alors, sous une forme désastreuse, envie de conquête ? L'univers vivant ne peut-il se contenter d'exister simplement, banalement ? Pourquoi faut-il qu'il se manifeste par une présence aussi impérieuse ? »

Oui, cette interrogation que m'avait inspirée votre beauté m'habite toujours. Toutes les aurores et tous les couchants, tel mont et telle mer, tous les arbres et toutes les fleurs, tel félin et tel oiseau, la prairie sans borne parcourue par de superbes chevaux au galop, le ciel sans fond éblouissant d'étoiles incandescentes... beautés subtiles ou sublimes, qui nous convaincra qu'elles relèveraient de combinaisons de hasard ? Ne voyons-nous pas que dès l'origine le désir de vie s'accompagne du désir de beau, prime signal de sens et de valeur ? Il y a l'âme du monde qui aspire à la beauté, et il y a l'âme humaine qui y répond, par la création artistique à multiples facettes, par la beauté intérieure propre à une âme aimante et aimantante – beauté du regard, du geste, de la donation, qui porte le beau nom de « sainteté ».

Mais la beauté est fragile, surtout quand elle est de chair. Ici, en repensant à vous, je reviens à la beauté de la femme, une des grâces dont ce monde est doté. Elle éclot en un milieu humain, semé de contraintes, de périls, fondamentalement vulnérable. Cette beauté requiert des soins constants et délicats – « Beauté, mon beau souci

Première lettre

de qui l'âme incertaine / A comme l'Océan son flux et son reflux », a écrit Malherbe. Et surtout, elle demande à être aimée, vraiment aimée. Est-ce là chose aisée ? Combien d'hommes sont capables d'aimer équitablement une beauté féminine, sans à la longue l'aplatir, l'abîmer ? Celui qui est fasciné par elle, fier de l'avoir conquise – donc possédée –, n'a-t-il pas tendance à la fixer à sa seule dimension physique, à exiger qu'elle soit sans faille, que toujours elle soit à la hauteur, conforme à un canon idéal – lequel, en fait, n'est qu'une convention superficielle propre à transformer un sujet de beauté en objet d'ornement ? Une beauté ainsi conçue est plus que précaire ; la moindre anicroche, la moindre flétrissure suffit à la ternir, cause inévitable de déception, voire de désaffection. Selon une expression de Pascal, une petite vérole, « qui tuera la beauté sans tuer la personne », est à même d'anéantir sa capacité à susciter le désir. La femme se laissera-t-elle longtemps enfermer dans ce piège ?

Chez elle peut surgir un mouvement d'éveil qui la pousse à passer du paraître à l'être, à remonter jusqu'à la source, là où la beauté ne se fige pas dans une forme déjà donnée ; là où elle est toujours le désir même du beau et l'élan vers le beau. Autrement dit, la femme est habitée par la nostalgie de relier sa beauté à une beauté infiniment plus grande et plus pérenne qu'elle. Intuitivement, elle sait que cela sera un long cheminement. Il lui faudra plonger dans la profondeur de son être, y enjamber tous les abîmes que chaque destin a à assumer, abîmes faits de peur, de solitude, de blessure et de souffrance. C'est au-delà de cet horizon qu'arde un vrai rayonnement, celui de l'âme, qui relève d'une autre lumière.

Tout cela, je vous l'ai exprimé jadis bien maladroitement. Mais mon propos, même s'il venait du cœur, me parut alors trop « édifiant » pour que je continue. Je m'en tins là, non sans vous avoir offert un poème dont j'ai gardé toujours une copie, pour ma propre gouverne :

Quand la beauté t'habite,
Comment l'assumes-tu ?
L'arbre assume le printemps
Et la mer le couchant,
Toi, comment assumes-tu
La beauté qui te hante ?

Première lettre

Toi qu'habite la beauté,
Tu aspires à une autre
Plus vaste que le printemps,
Plus vive que le couchant
— déchirante, déchirée —
Qui pourrait t'assumer

Hormis l'éternel Désirant ?

Plus tard, vous avez quitté Paris et, de mon côté, j'étais pris dans un autre engrenage. Nous nous sommes perdus de vue. Plus de trente ans après, je reçois une lettre de vous. J'apprends que vous êtes passée par des expériences douloureuses, mais que vous êtes devenue une artiste. Je vous imagine dans la plénitude de votre automne, alors que moi je suis, hors de toute prévision, devenu ce survivant hanté par le très grand âge. Encore une fois, qu'est-il arrivé ? De la rencontre de deux êtres, un après-midi de printemps, dans le souterrain parisien, a surgi un intense émoi qui révélait une vérité plus durable que nos contingences. Il relève d'un autre ordre qui, encore une fois, n'est autre que celui de l'âme.

J'écris le mot « âme », je le prononce en moi-même, et je respire une bouffée d'air frais. Par association phonique, j'entends *Aum*, mot par lequel la pensée indienne désigne le Souffle primordial. Instantanément, je me sens relié à ce Désir initial par lequel l'univers est advenu, je retrouve au plus profond de mon être quelque chose qui s'était révélé à moi, et que j'avais depuis longtemps égaré, cet intime sentiment d'une authentique unicité et d'une possible unité.

La Touraine va sans doute me garder un certain temps, jusqu'à ce que j'aie suffisamment avancé dans l'accomplissement de ma mission. Je vous livrerai à mesure les résultats de mes lectures et de mes propres réflexions.

Bien à vous,

F.C.

Deuxième lettre

Chère amie,

« Sur le tard, je me découvre une âme », m'avez-vous écrit. Soyons-en heureux, et mieux vaut tard que jamais ! Si on la découvre, c'est que depuis toujours elle est là, dès avant même notre naissance. Si on la découvre tard, c'est qu'elle est la part la plus cachée, la plus secrète de notre être, qu'elle participe du principe de vie même, ce principe invisible, à l'image de l'air, élément dont on use à chaque seconde et auquel on ne pense jamais. Principe de vie ? Qu'est-ce à dire ? La vie n'est-elle pas ce corps vivant qui fonctionne tout naturellement, tout seul, sans que rien d'autre ait à intervenir ? Cela semble évident. À y regarder de plus près toutefois, force nous est de constater que ce corps vivant est constamment animé, c'est-à-dire qu'en lui quelque chose est animé, et que, dans le même temps, quelque chose anime. Ce que les Anciens désignent par le binôme *animus-anima*. À la question « Dans l'ordre vital qu'est-ce qui est capable d'animer ? », la réponse que donnent toutes les pensées est invariable : le Souffle de vie. La pensée indienne le nomme *Aum*, la pensée chinoise *Qi*, la pensée hébraïque *Ruah*, la pensée arabe *Rûh*, et la pensée grecque *Pneuma*. En chaque être particulier, l'*animus* est régi par l'*anima*. Cette dernière est la marque de son unité et de son unicité. Là encore, toutes les pensées traditionnelles lui donnent un nom particulier désignant une entité identique : l'Âme.

Ce rappel, pour sommaire qu'il soit, nous montre la vision juste fondée sur une intuition universelle. Cette vision nous invite à revenir à une réalité fondamentale qui touche aussi bien notre présent que notre devenir. Pour vous comme pour moi, retrouver et repenser l'âme s'avère une tâche nécessaire et urgente. Dans l'immédiat, faisons un constat rudimentaire : notre corps vivant est doué d'un ensemble d'organes qui permettent à la vie de fonctionner – organes miraculeusement agencés pour respirer, se nourrir et se mouvoir, organes sensoriels pour sentir, cœur et entrailles pour éprouver les élans affectifs, cerveau qui, tout en étant le siège de l'esprit, contribue à alimenter la mémoire. Mais au fin fond de notre être, nous le savons, il y a, irrépressibles, intarissables, *besoin et désir* de respirer, de se nourrir, de sentir, de s'émouvoir, d'aimer et d'être aimé, de se souvenir aussi, afin que ce qui est vécu, peines et joies entremêlées, souffrances et félicités confondues, puisse être, éventuellement, transmué en un tout unique et unifié. Au fin fond de notre être, nous savons que la vie, surtout pour ce qui est de la vie humaine, n'est pas dans le fonctionnement aveugle de ce qui existe, mais implique toujours un élan vers une possibilité d'être plus élevé.

Dans la vie courante, l'âme d'une personne transparaît dans son regard et s'exprime par sa voix. Deux organes, les yeux et la bouche, qui se concentrent dans un visage, lequel constitue le mystère incarné de tout être humain. Lorsqu'on regarde un artiste faire un portrait, on voit qu'il commence par dessiner un ensemble de contours, pour que le visage « prenne chair » dans un espace. Vient le moment magique où, au moyen de quelques traits, il fait apparaître les yeux. Alors une percée se fait, et on plonge dans une profondeur insaisissable. Ce que les deux perles reflètent et diffusent est un véritable monde comparable à un ciel marin de Bretagne, inépuisable jeu d'ombre et de lumière. S'y joue un secret sans cesse révélé qui dépasse la dimension de la chair, au sens organique du mot.

Corps et âme sont solidaires, c'est une évidence. Sans âme, le corps n'est pas animé ; sans corps, l'âme n'est pas incarnée. Il convient néanmoins de souligner, si besoin est, que les deux ne sont pas dans un simple rapport d'équivalence, qu'il existe entre eux une différence d'ordre. J'aimerais, pour l'instant, citer ces deux phrases de Descartes : « L'âme est d'une nature qui n'a aucun rapport à l'étendue ni aux dimensions ou autres propriétés de la matière dont le corps est composé » (*Les Passions de l'âme*) ; « Ce moi, c'est-à-dire l'âme par laquelle je suis ce que je suis, est entièrement distincte du corps » (*Discours de la méthode*). Et cette autre, assez étonnante, de Hugo : « Le corps humain pourrait bien n'être qu'une apparence. Il cache notre réalité... La réalité, c'est l'âme » (*Les Travailleurs de la mer*).

L'âme animant le corps relève du principe de la Vie. À part les cas où par perversion ou par pulsion de destruction elle agit en sens contraire, elle est, en toutes circonstances, aspiration à la vie. Son élan est naturellement ardent lorsqu'elle est exaltée par

Deuxième lettre

l'amour. Sa flamme n'en demeure pas moins vive au cœur de l'effroi, de la souffrance, ou quand menace la mort. Toutes ces épreuves, au contraire, l'enrichissent, la rehaussent, l'obligent à s'élever vers la dimension transcendantale. C'est ce qu'exprime à sa manière le poète Pierre Emmanuel, malheureusement trop oublié aujourd'hui :

> *Toute âme ayant brisé la prison où la peur d'être aimée l'enferme*
> *Est sur le monde comme un grand vent, une insurrection d'écume et de sel*
> *Une haute parole de vie dans et contre le corps éphémère.*
> *Tout est vie, et plus encore à la fin quand se fend l'écale du corps*
> *Sous la véhémence de l'âme ne tolérant plus d'être toujours en servage :*
> *C'est alors non le corps qui pourrit, mais le bulbe d'une invisible jacinthe*
> *Qui monte dans l'humilité triomphale comme une grappe de cieux superposés.*
> *Je te laisse, dit Dieu. Tu es heureux. Je te laisse car tu es certain.*
> *Toi, premier sauvé de Babel, non par vertu singulière*
> *Mais simplement parce que tu aimes.*

De l'âme

Peut-être avez-vous fait comme moi cette expérience. Dans la nuit, je me réveille. J'entends le battement de mon cœur. Ce morceau de chair qui bat, qui me maintient en vie, à mon insu, est-il tout le moteur de ma vie ? Ne s'y mêle-t-il pas toujours un principe de vie qui le fait battre ? Ou plus concrètement, à mon humble niveau, ne s'y mêle-t-il pas un vouloir-vivre qui maintient ce cœur en marche, à son insu ? Que ce vouloir-vivre en vienne à disparaître, le cœur ne battrait-il pas au ralenti et bientôt ne serait-il pas à l'arrêt ?

Le vouloir-vivre, à vrai dire, je ne sais plus tout à fait ce dont il s'agit. L'habitude des jours et la pesanteur des ans ont émoussé en moi la sensation aiguë de mon élan. Il me semble que dans la nuit de mon enfance, j'en avais une conscience plus claire. Claire comme la pleine lune au printemps qui inondait tout l'espace respirable du Dehors. Vous vous souvenez peut-être de cette parole de la prieure Blanche de la Force dans les *Dialogues des carmélites* de Bernanos : « Cette simplicité de l'âme, nous consacrons notre vie à l'acquérir, ou à la retrouver si nous l'avons connue, car c'est un don de l'enfance qui le plus souvent ne survit pas à l'enfance… il faut très longtemps souffrir pour y rentrer, comme tout au bout de la nuit on

Deuxième lettre

retrouve une autre aurore... » Ai-je suffisamment souffert au cours de ma longue vie ? Il ne m'appartient pas de le dire, mais il est vrai qu'il m'arrive parfois de retrouver ce sentiment cosmique de mon enfance. Sur fond d'infini, la Voie lactée, à l'instar de la lune soulevant les marées, m'aspire de toute sa présence charnelle tel un aimant. Tout autour de moi, plantes et bêtes en émoi sont prises dans la même exaltation d'être là, la même aspiration à croître, à s'épanouir. Un souffle rythmique relie le tout en une pulsation commune. Rien ne sépare les minuscules des gigantesques : les lucioles, virevoltant, sont en résonance avec les étoiles filantes. Je comprends qu'une immense chose est arrivée, qu'un formidable processus est en cours. Je revis alors ces moments privilégiés déjà vécus dans mon enfance, mais entre-temps, j'ai appris que cela a pour nom la Voie, qu'au sein de cette Voie toute vie est toujours à la fois un pouvoir-vivre et un vouloir-vivre. Plus tard encore, de par mon expérience heureuse ou douloureuse restituée par ma mémoire, j'apprendrai qu'au-dessus du niveau instinctif du vouloir-vivre se vit chez les humains un vouloir plus élevé, le *désir d'être* qui les incite à rejoindre le Désir initial grâce auquel l'univers est advenu. Ce désir d'être se nourrit de tout ce qui fait le fondement de notre aspiration : l'irrépressible besoin de sensations, d'émotions, de réceptions, de donations et de communion – qu'en réalité un seul mot est capable d'englober : amour – qui a le don de nous entraîner dans un processus de transformation et de transfiguration.

Je viens d'évoquer les nuits de lune où l'univers éblouissait mon enfance de sa lumière aveuglante, l'appelant à intégrer sa présence charnelle au Désir sans limite. Comment oublier d'autres nuits de lune vécues durant ces années initiales – années d'initiation – où mon âme reçut d'autres empreintes indélébiles qui contribuèrent à la rendre définitivement spécifique.

Nous sommes en plein exode dans la campagne chinoise, poursuivis par l'épouvante née des scènes d'atrocités commises par les envahisseurs. L'alerte vient de déchirer l'air de sa stridence annonciatrice de catastrophe. Les minutes passent, nous marchons encore, toutes lanternes éteintes. Nous finissons par trouver un possible abri, sous un pont de pierre. Nous nous y entassons avec d'autres, en attendant que la mort vienne accomplir son œuvre. Tout autour de nous, une nuit vaste et profonde. Contrastant

Deuxième lettre

avec l'angoisse humaine, la nature suit son cours, imperturbable, sereine. L'avons-nous jamais écoutée aussi intensément que cette nuit-là ? L'eau de la rivière écoule son bruissement toujours vif, que n'interrompt point le chant intermittent des grillons. De plus loin nous parviennent le coassement des crapauds et quelques cris d'oiseaux de nuit, lugubres, prémonitoires. Surgissant alors de la nuit, volant bas, les avions passent au-dessus de nous, vers la ville assez proche, cible de leur bombardement. Éclairs, fracas, longs jets de feu entrecroisés, nuages transformés en geysers par les flammes montantes. Scène éblouissante à sa manière, vue de loin. Scène brusquement proche : voilà que les avions, effectuant leur retour, repassent au-dessus de nous, se vidant du reste de leurs engins explosifs. Ils volent si bas que leurs occupants peuvent, profitant de la nuit claire, prendre un malin plaisir à nous mitrailler à loisir. Les cris humains ne tardent pas à se mêler à ceux de la nature. Chairs déchiquetées, corps écrasés de ceux qui ont eu l'imprudence de se mettre sous des arbres ou dans des logis précaires. Tout près de nous, un enfant a la tête atteinte par un éclat de bombe. Un bref cri suivi de la longue lamentation de sa mère. Ô toi, mère tenant dans tes

De l'âme

bras l'enfant mort ! Ton image peut-elle jamais s'estomper ! Je penserai à toi devant toutes les Pietà qu'il me sera donné de voir tout au long de ma vie...

L'âme qui reçut tout cela n'oublia plus. Elle sut, cette nuit-là, qu'elle aurait à lutter contre quelque chose de plus que la souffrance : le mal. Un mal qui est enraciné en l'homme, donc en elle-même.

Toujours durant l'exode dans la nuit. Nous faisons halte dans un temple à l'abandon, délabré. J'ai cru malin de choisir un coin à l'écart pour dormir. La blancheur du drap étalé à même le sol se fond dans la clarté lunaire. Trop fatigué pour être gêné par l'odeur de poussière qui étouffe. Sommeil instantané. Pourtant, minuit passé, un furtif bruit me réveille. J'ouvre les yeux, un serpent est là, effrayant, d'une réalité que j'ai si souvent imaginée : peau luisante, dessins ensorcelants, corps sinueux surmonté d'une petite tête triangulaire ornée de deux yeux globuleux, capables de tétaniser ceux qui osent le dévisager. Je suis celui qui, en cet instant, le dévisage. Fatal compagnonnage, indicible solitude. Pourquoi un serpent dans un temple ? Pourquoi est-il précisé-

Deuxième lettre

ment là ? Chu d'une poutre par hasard ou attiré par mon odeur ? Questions inutiles. L'effroi me saisit, me glace le sang, lorsqu'il se met à bouger, à zigzaguer en ma direction. C'est la mort même qui avance, avec son arsenal de morsures redoutables et de jets venimeux. À part faire le mort, aucun geste n'est plus possible. L'éternité n'effacera pas cet instant où le monstre va s'emparer d'une jeune vie sans défense. De plus en plus proche, sans un bruit, il s'immobilise au bord du drap blanc, la tête dressée vers moi. Figés dans un silence absolu, deux êtres se font face, longuement. Malgré mon effroi, il n'est plus question que je détourne les yeux. Mon regard doit soutenir le sien, empli de toute la terreur que l'existence terrestre a inculquée aux vivants lorsqu'ils deviennent proies. Terreur toujours plus paralysante, insoutenable. Il n'y aurait donc jamais de fin ? Mais si, la mort, justement. N'est-elle pas une belle invention, cette mort capable d'arrêter toute peur, toute douleur ?

« Pas pour cette fois-ci encore », me dis-je lorsque l'énigmatique reptile se met à longer mon corps, dardant quelque lueur verdâtre, et disparaît soudain dans son gîte de ténèbres. Puis-je pour autant parler de soulagement ? Ma jeune âme est déjà assez éveillée pour deviner que ce serpent est un messager qui m'est destiné. Qu'il est entré en moi pour se lover définitivement au creux de mon inconscient et de ma mémoire. Il est venu me dire que la mort n'est pas quelque chose qui n'arrive qu'aux autres, qu'elle ne surgit pas seulement au moment d'une maladie ou d'un accident, mais qu'elle est, tapie dans l'ombre, notre compagne la plus fidèle. Que, grâce à elle, notre existence est un constant effort en vue de la sur-vie – et c'est ainsi que notre vie peut atteindre un tel degré d'intensité.

Dès cet âge, j'ai su que la mort n'est pas une simple idée, ou un terme au double sens du mot. Elle est force agissante. À cause d'elle – ou, encore une fois, grâce à elle –, aucune vie, aussi protégée soit-elle, ne saurait être un programme préétabli. Toute vie est une aventure naviguant entre inattendu et inespéré. Pour ce qui est de moi, je vérifierais par la suite que sur le chemin de la vie, j'aurais affaire à mon serpent. À maintes reprises, une force brute surgira devant moi, avec sa gueule d'épouvante, prête à m'anéantir. À un degré plus profond, le survivant aura néanmoins compris : de la constante cohabitation avec la mort ne peuvent résulter que deux attitudes, soit un pessimisme absolu, soit un désir tout aussi absolu de tendre vers l'au-delà, vers un Ouvert

Deuxième lettre

où ce désir rejoint, je crois vous l'avoir dit, le Désir initial qui du Rien a fait advenir le Tout. Entre ces deux voies, mon choix est celui du désir. C'est mû par lui que, jeune homme amoureux, à l'appel d'une lune trop resplendissante pour rester inerte, je sortirai un jour de la maison silencieuse, et suivrai le sentier fleuri jusqu'à celle de l'amante.

Je vous ai fait part de ces souvenirs et de ces réflexions, chère amie, pour commencer à répondre à votre interrogation par les lignes que voici.

Instruits par notre esprit, nous voyons se révéler à nous cette part la plus intime de notre être, à qui nous donnons un nom tout aussi intime : âme. Âme qui, terreau des désirs, des émotions et de la mémoire, était en nous dès avant notre naissance, en un état qu'on pourrait qualifier de pré-langage et pré-conscience – non sans qu'un chant natif soit déjà là –, et qui nous accompagnera jusqu'au bout, lors même que nous serions privés de conscience ou de langage. Toute d'une pièce, indivisible, irréductible, irremplaçable, absorbant en effet les dons du corps et de l'esprit, donc pleinement incarnée, elle est la marque de

De l'âme

l'unicité de chacun de nous et, par là, de la vraie dignité de chacun de nous. Elle se révèle l'unique don incarné que chacun de nous puisse laisser.

Sincèrement à vous,

F.C.

Troisième lettre

Chère amie,

J'avais écrit, comme en passant : « Instruits par notre esprit... » Et vous avez bien raison de m'interpeller à ce propos !

Comment, en effet, pourrait-on parler de l'âme sans parler de l'esprit ? Comment ne pas affirmer sans plus tarder le principe ternaire qui régit le fonctionnement de notre être, principe justement incarné par la triade corps-âme-esprit ? Comment ne pas souligner enfin la place centrale qu'occupe l'esprit au sein de cette triade ?

Cela dit, je dois vous avouer que vous me mettez au-devant d'une tâche plus que malaisée – combien nécessaire cependant –, celle de regarder de plus près ce qui distingue l'âme de l'esprit, ainsi que la relation qu'ils entretiennent. Tâche malaisée parce que la frontière entre les deux est

De l'âme

floue, tant ils sont interpénétrés, imbriqués l'un dans l'autre. Complémentaires, ils entretiennent une relation de nature dialectique. En réalité, une définition nette de l'âme et de l'esprit se révèle impossible ; on ne peut les cerner qu'en les situant l'une par rapport à l'autre.

À défaut d'une définition, on peut du moins constater que chacun des deux est une entité douée de capacité d'agir. Du coup, il nous paraît possible de cerner le domaine et le type d'action de chacun, en posant d'abord – de manière intuitive – ceci : l'âme est en nous ce qui nous permet de désirer, de ressentir, de nous émouvoir, de résonner, de conserver mémoire de toute part, même enfouie, même inconsciente de notre vécu et, par-dessus tout, de communier par affect ou par amour ; songeant aux trois puissances supérieures de l'âme reconnues par Augustin, à savoir la mémoire, l'intelligence et la volonté, j'avancerais pour ma part le désir, la mémoire et l'intelligence du cœur. L'esprit est en nous ce qui nous permet de penser, de raisonner, de concevoir, d'organiser, de réaliser, d'accumuler consciemment les expériences en vue d'un savoir et, par-dessus tout, de communiquer par échange.

Troisième lettre

En exploitant les ressources phoniques du français, j'ai eu l'occasion d'avancer des formules qui se voulaient « percutantes », telles que : « L'esprit raisonne, l'âme résonne », « L'esprit se meut, l'âme s'émeut », « L'esprit communique, l'âme communie », « L'esprit *yang* "masculin", l'âme *yin* "féminin" ». Ces formules, au risque de trop simplifier, ont peut-être le mérite de nous montrer le lien intime qui unit les deux, tout en soulignant ce qui est spécifique à chacun. Que nous est-il donné de constater ? L'esprit de chaque être, pour personnel qu'il soit, a un caractère plus général. Fondé sur le langage, il implique un apprentissage, une « formation », un acquis. Son développement est lié à un environnement culturel, à une collectivité issue d'une certaine tradition, et ses propres activités, relevant en principe du communicable et du partageable, s'effectuent aussi dans un contexte de relation et d'échange.

L'âme, elle, a quelque chose d'originel, de natif, comportant une dimension inconsciente, insondable pour ainsi dire, qui la relie au mystère même qui à l'origine avait présidé à l'avènement de l'univers vivant. Si l'esprit aide le sujet à prendre conscience de la réalité de son âme, celle-ci recèle un état qui se situe en deçà – à moins que ce ne soit au-delà – du langage. Constituant la part la plus intime, la plus secrète, la plus inexprimable et, dans le même temps, la plus vitale de chaque être, absolument spécifique à lui, elle demeure en lui dès avant sa naissance, cela jusqu'à son dernier souffle, entité irréductible et surtout irremplaçable. Car, là encore, elle incarne un autre mystère : le fait qu'au sein de l'univers vivant, toute vie forme une entité autonome et signe sa présence unique. L'unicité de l'être, cette vérité universelle, s'affirme de façon éclatante chez la personne humaine, et c'est son âme qui en est l'incarnation. Non un attribut, ni une faculté : unie à un corps et l'animant, elle est la personne même. Cela, je vous le rappelle, est justement une des acceptions du mot « âme ». Ici, tout d'un coup, une quasi-définition me paraît possible : l'âme est la marque indélébile de l'unicité de chaque personne humaine.

« Une entité irréductible et irremplaçable », ai-je dit. L'âme peut être négligée ou mise en sourdine, escamotée voire ignorée par le sujet conscient, elle est là, entière, conservant en elle désir de vie et mémoire de vie, élans et blessures emmêlés, joies et peines confondues. Je me souviens d'une proposition de mon ami Jacques de Bourbon Busset : « L'âme est la basse continue qui résonne en chacun de nous. » Comme elle est

Troisième lettre

reliée au Souffle originel, elle chante en nous un chant à l'accent éternel. Disant cela, je suis tenté d'ajouter que l'âme n'est pas seulement la marque de l'*unicité* de chaque personne, elle lui assure une *unité* de fond et, par là, une dignité, une valeur, en tant qu'être.

Je n'ignore pas, bien entendu, que d'une façon générale, c'est l'esprit qui permet à un sujet de s'établir et de s'affirmer, et la société ne manque pas de prendre l'esprit – éventuellement le corps aussi, dans le cas des sportifs – comme critère pour juger de la « valeur » de quelqu'un. Cela se comprend dans la mesure où la société ne peut avancer que grâce à la contribution des esprits à l'œuvre. Toutefois, d'un point de vue éthique, sinon ontologique, cela se discute. On sait que nombreux sont les êtres frappés à leur naissance par un handicap mental, et que d'autres, aussi remarquables soient-ils, peuvent connaître au cours de leur vie une déficience de l'esprit – pensons à Van Gogh, à Nerval, à Hölderlin, à Nietzsche... On sait aussi que la moindre attaque cérébrale est à même de précipiter l'esprit le plus brillant dans la paralysie et l'aphasie. On sait enfin que la vieillesse, dont les effets sont si terriblement inégalitaires, peut réduire les plus « grands esprits » à une dramatique hébétude – et moi qui suis jusqu'à présent épargné par cette calamité, je suis naturellement plus sensible à cette réalité. Est-ce que tous ceux-là voient aussitôt leur « valeur » diminuer, ou anéantie complètement ? Je parle ici bien sûr de la valeur d'être qui est la valeur fondamentale, parce qu'elle est garante de la dignité de la personne. Les humains dont l'esprit est frappé d'un handicap seraient-ils donc à reléguer dans une zone d'exclusion signalée par la pancarte « Inutiles » ? Si l'on s'en tient au seul respect des facultés intellectuelles de l'être humain, en oubliant l'âme, telle est bien la conclusion logique. Et alors l'inhumain n'est pas loin, comme on l'a vu avec la stérilisation pratiquée au XXe siècle sur les handicapés dans plusieurs pays, sans parler de leur extermination systématique sous le régime nazi. N'oublions pas que tous ces hommes, ces femmes, ces enfants, ces vieillards, dans leurs épreuves, n'ont pas perdu une once de leur âme. En leur qualité d'âme réside la valeur fondamentale dont je parle. Moi qui ne jurais jadis que par l'esprit, depuis que, sur le tard, je détiens cette vérité pourtant simple et évidente, je me sens plus équitable par rapport aux êtres. Et je suis d'autant

Troisième lettre

plus admiratif envers celles et ceux qui se sont non seulement penchés sur le sort des « pauvres en esprit », mais qui – à l'instar d'un Jean Vanier, le fondateur de l'Arche – ont compris qu'une société proprement humaine ne peut que se mettre à leur écoute. Car, par la place centrale qu'ont prise dans leur vie le cœur, l'émotion, la sensibilité immédiate aux choses et aux êtres, ils ont sûrement beaucoup à nous dire.

L'envie me prend ici de vous faire état d'un passage de *L'Extase matérielle* de Le Clézio qui m'a frappé : « La grande beauté religieuse, c'est d'avoir accordé à chacun de nous une Âme. N'importe la personne qui la porte en elle, n'importe sa conduite morale, son intelligence, sa sensibilité. Elle peut être laide, belle, riche ou pauvre, sainte ou païenne. Ça ne fait rien. Elle a une Âme. Étrange présence cachée, ombre mystérieuse qui est coulée dans le corps, qui vit derrière le visage et les yeux, et qu'on ne voit pas. Ombre de respect, signe de reconnaissance de l'espèce humaine, signe de Dieu dans chaque corps. »

Toutefois, en lisant cette citation, peut-être aurez-vous été déconcertée comme je l'ai été par l'expression : « n'importe sa conduite morale… ». Cela pose question. Pour moi, l'âme ne saurait s'extraire du problème éthique, bien que son mode d'être soit instinctif ou intuitif, plutôt que contrôlé par le raisonnement. Si je me limite à ma propre expérience, je sais que l'âme peut longuement s'égarer et, par des actes irresponsables, blesser profondément les autres, parfois de façon irréparable. Je sais aussi que, sous la morsure du remords, l'âme a le pouvoir, si elle le veut, d'un retournement de tout l'être, de renaître autrement de la poussière. Peut-être est-ce là le sens de la parole d'espérance qu'a adressée le Christ au bon larron…

Je ne voudrais surtout pas que vous vous mépreniez sur la portée de mes propos : je ne cherche en rien à diminuer l'importance de l'esprit. Disons qu'au niveau d'un individu, l'esprit est grand et l'âme essentielle, que le rôle de l'esprit est central et celui de l'âme fondamental. Au plan d'une société, en raison de la spécificité de chacun des deux, il y a comme une répartition des domaines d'action où domine l'un ou l'autre. L'esprit déploie pleinement son pouvoir d'agir dans toute l'organisation sociale,

Troisième lettre

que celle-ci soit politique, économique, juridique ou éducative. Il régit les réseaux de transport comme de communication. Il règne en maître dans le domaine de la pensée philosophique et de la recherche scientifique. Mais par ailleurs il existe des domaines d'une nature différente où, sans que l'esprit soit absent, entre en jeu l'âme. Ce sont les domaines qui échappent à la compétence du seul raisonnement, qui sollicitent de notre être toute sa capacité à ressentir, à éprouver, à s'émouvoir, à résonner, à complexifier son imagination, à approfondir sa mémoire, à être en symbiose avec d'autres entités vivantes et avec la transcendance. Ces domaines sont ceux qui se situent au-delà de la problématique de l'organisation et du fonctionnement et qui apostrophent notre destin en l'obligeant à donner sens aux instants vécus, à relever le défi de la souffrance et de la mort. Ces sphères sont celles où règnent la beauté, l'amour et toutes les formes de création artistique dont l'humain est capable – et dont vous avez fait la part essentielle de votre vie, chère amie !

Vous aurez compris que quand je parle de ces expressions, il en est une qui me tient particulièrement à cœur : la poésie. Mais plutôt que de développer – car c'est tout mon être, vous le

De l'âme

savez, qui vit dans cette dimension – je préfère ici vous livrer trois citations qui me touchent au cœur. D'abord, le grand poète contemporain Pierre Jean Jouve, qui disait : « La poésie supérieure est une fonction de l'âme, et non pas de l'esprit. C'est l'âme qui fournit l'énergie spéciale capable de faire, de la masse agglutinée, une "chose de beauté". Je hasarde une explication : que l'âme est en nous le seul pouvoir d'éternel » (*Apologie du poète*). Ensuite Gaston Bachelard, qui en tant que philosophe, donc homme d'esprit, a eu l'intelligence de reconnaître cette dimension qui échappe au raisonnement philosophique : « C'est toute l'âme qui se livre avec l'univers poétique du poète. À l'esprit reste la tâche de faire des systèmes, d'agencer des expériences diverses pour tenter de comprendre l'univers. À l'esprit convient la patience de s'instruire tout le long du passé du savoir. Le passé de l'âme est si loin ! L'âme ne vit pas au fil du temps. Elle trouve son repos dans les univers que la rêverie imagine […] Les idées s'affinent et se multiplient dans le commerce des esprits. Les images, dans leur splendeur, réalisent une très simple communion des âmes. […] Et la langue des poètes doit être apprise directement, très précisément comme le langage des âmes » (*La Poétique de la rêverie*).

Troisième lettre

Enfin, impossible de ne pas citer ici la fameuse « Lettre du voyant » de Rimbaud, qu'il envoya à Paul Demeny le 15 mai 1871. À mes yeux, ce passage a l'immense intérêt de suggérer que non seulement la poésie dépasse la dimension intellectuelle sur laquelle se fonde notre « marche au Progrès », mais qu'elle pourrait, si elle était « absorbée par tous », dilater en quelque sorte la notion de Progrès. Loin d'être antimoderne, elle participe de l'évolution de l'humanité : elle aussi est prométhéenne à sa manière ! « Donc le poète est vraiment voleur de feu. Il est chargé de l'humanité, des animaux même ; il devra faire sentir, palper, écouter ses inventions ; si ce qu'il rapporte de là-bas a forme, il donne forme : si c'est informe, il donne de l'informe. Trouver une langue [...] Cette langue sera de l'âme pour l'âme, résumant tout, parfums, sons, couleurs, de la pensée accrochant la pensée et tirant. Le poète définirait la quantité d'inconnu s'éveillant en son temps dans l'âme universelle : il donnerait plus – que la formule de sa pensée, que la notation de sa marche au Progrès ! Énormité devenant norme, absorbée par tous, il serait vraiment un multiplicateur de progrès ! »

Rimbaud, dans cette même lettre, annonçait l'avènement d'une ère où la femme « sera poète, elle aussi ! La femme trouvera de l'inconnu ! ». Mais n'avait-il pas compris que c'était le cas depuis toujours, qu'il suffisait d'écouter ? Car, pour ma part, en vous écrivant tout cela, j'entends une voix féminine, issue du fond des âges, qui vient me murmurer à l'oreille : « Le corps est le chantier de l'âme où l'esprit vient faire ses gammes. » Cette phrase, toute de simplicité et de justesse, a été prononcée au XIIe siècle par Hildegarde de Bingen, immense figure spirituelle en qui s'allient une vision cosmique fondée sur l'intuition et l'observation et des dons artistiques exprimés par la peinture, la poésie et le chant. Elle me tend opportunément la main, me proposant une pause, une respiration.

En effet, ce recul me fait dire que je vous dois à présent une précision. Il ne s'agit nullement d'idéaliser l'âme. Il convient au contraire d'admettre qu'au creux de l'être, là où est le berceau ou le gouffre, l'âme assume toutes les conditions tragiques du destin humain. Instruite par l'expérience de la souffrance et de la mort, elle est capable d'ouverture et de dépassement, en élevant l'être qu'elle habite jusqu'au règne du divin. Mais elle peut aussi

Troisième lettre

connaître déviations ou perversions, céder aux diverses pulsions destructrices. Consciente ou inconsciente, libre ou contrainte, elle est en pouvoir de nouer des liens complexes avec le Mal. Pour user d'un langage imagé, je dirais qu'en toute âme humaine cohabitent ange et démon. Ils ne se contentent pas de cohabiter ; ils sont en constante interaction. Tous les cas de figure sont possibles : l'un pouvant lutter sans relâche contre l'autre, ou bien, dans des cas extrêmes, se transformer en l'autre. Ces phénomènes, dont une grosse part est d'ordre psychique, font l'objet d'études de la psychiatrie et de la psychanalyse. Sans rendre compte forcément de toutes les dimensions de la question, leurs apports sont d'une importance capitale. Certes, je vous ai déjà fait remarquer que le mot « âme » est banni de leur horizon, que l'ancienne notion d'âme y a éclaté en une série hétérogène de termes et de concepts. Il vaut la peine cependant de rappeler que Freud lui-même a bien employé le mot *Seele*, « âme », et qu'après lui, un Jung en a fait une idée de base. Pour ce qui me concerne, ma préoccupation ne se place pas sur ce plan d'études cliniques. Mon propos, je vous le répète, est de resituer l'âme par rapport au corps et à l'esprit comme une des composantes de notre être, de cerner également, dans la mesure du possible, le rôle spécifique qu'elle joue dans cette triade.

La nature ambivalente de l'âme n'a pas échappé à nos Anciens. Dans toutes les cultures, on reconnaît à l'âme un double ou un triple état. Il est intéressant d'y jeter un coup d'œil, pas du tout en vue d'une étude théorique, uniquement pour voir comment intuitivement les humains ont tenté de nommer une réalité fondamentale.

Mais tout d'un coup, un besoin de silence s'impose à moi. Je crois qu'avant d'entrer dans l'écoute des paroles venant des grandes traditions, un moment de recueillement n'est pas de trop. Nous devons prendre la mesure d'un fait plus qu'émouvant : depuis l'origine, partout où se trouvent les humains, sans savoir ce que les autres en disaient, ils ont murmuré ou proclamé une vérité germée dans le giron de leur intuition. Cette vérité, tout en revêtant des aspects très variés, révèle un contenu étonnamment universel.

Je vous invite donc, chère amie, à un très bref tour d'horizon dans les grandes traditions spirituelles – en laissant de côté le monde pourtant très riche des cultures dites animistes ou chamaniques, qui nous entraînerait trop loin, et demanderait des connaissances ethnologiques que je n'ai pas. Peut-être ce panorama, pourtant très sommaire, vous paraîtra-t-il un peu fastidieux, mais comme je vous le disais hier, je ne pense pas que je puisse vous livrer mes pensées personnelles en faisant comme si les traditions historiques de l'humanité n'existaient pas, trésor inouï que nous ont légué les Anciens. Personne d'entre nous n'est venu de nulle part et, comme l'a dit un poète anglais, « nul n'est une île ».

De l'âme

Du côté de la Chine, la conception de l'âme vient essentiellement de la tradition taoïste. Selon celle-ci, l'âme humaine, animée par le Souffle primordial, comporte deux instances : une partie supérieure ayant une dimension céleste appelée *hun*, et une partie inférieure, de dimension terrestre, appelée *po*. Du vivant de la personne, *hun* et *po* combinés lui donnent la possibilité de vivre en bonne intelligence avec la Terre, tout en lui offrant une ouverture vers la sphère qui transcende l'espace et le temps. Cela représente l'idéal. Mais *hun* peut connaître l'obscurcissement et *po* la corruption. Dans le cas extrême de la négation de la Vie, le *hun-po* aboutit à son propre anéantissement. Sinon, selon la « norme », à la mort de la personne, son *po* réintègre la Terre et son *hun* rejoint le Ciel, lieu de son origine.

Il convient de signaler ici que, dans la langue moderne, le mot « âme » se dit *ling-hun*, comportant le mot *ling*, qu'on peut traduire par « essence de l'âme ». Il se trouve que ce substantif a aussi un emploi verbal qui signifie « être efficace ». De tout temps, la pensée chinoise conçoit comme naturel le fait que seule une âme humaine faisant un avec l'âme divine peut assurer une vie efficiente. J'ajoute qu'en chinois

Troisième lettre

l'expression « veiller un mort », *shou-ling*, signifie littéralement « veiller une âme ».

En Asie, l'autre pôle fondamental est la pensée indienne. Comme je l'ai peu étudiée, je préfère emprunter à Zéno Bianu, grand connaisseur, la présentation suivante de la conception hindouiste de l'âme. De même que l'univers est soumis à des cycles, explique-t-il dans son livre *Sagesses de la mort*, « l'être humain est en son essence soumis à une migration indéfinie. Au vrai, son "âme" possède une vocation d'oiseau migrateur, qui la conduit à voler vertigineusement de corps en corps, à travers les strates d'un temps circulaire... Pour les hindous, nous sommes les réceptacles d'une entité éternelle, *âtman*, préexistant à notre naissance et subsistant après notre mort. L'*âtman* est cet "homme réel" qui, avant de mouvoir notre corps, a animé successivement d'innombrables enveloppes vivantes, selon une progression continue du végétal à l'animal, puis à l'homme (et même parfois au dieu) ». Ce qui m'intéresse dans cette vision – où, comme le rappelle Zéno Bianu, on ne dit pas de l'homme qui meurt qu'il « rend l'âme », mais qu'il « abandonne son corps » –, c'est que l'âme ainsi conçue est porteuse d'une mémoire : « En mourant, l'homme emporte avec lui la nécessité d'épuiser dans d'autres vies les conséquences, les effets de ses actes présents et passés, bons ou mauvais. » Il y a donc une dimension éthique, une responsabilité à laquelle l'homme ne saurait échapper, et cette perspective ouvre sur un horizon de libération : « En vérité, dit Krishna, des fruits du bien et du mal tu seras libéré. »

Le bouddhisme, né en Inde, a repris la notion de karma de la culture indienne, mais en la subvertissant totalement. Car l'idée même d'un Soi, d'une « âme » qui transmigrerait de corps en corps jusqu'à la libération finale, est remise radicalement en cause par le Bouddha Shakyamuni. Tel est l'*anâtman*, la doctrine du non-soi. Tout ce qui ressemble à une entité permanente qui pourrait subsister par-delà les réincarnations n'est à ses yeux qu'illusion. L'unité de l'être n'est qu'apparente, tout au plus peut-on postuler en lui cinq « agrégats » qui, comme leur nom l'indique, ne sont que temporairement agrégés dans l'individu, le temps de son existence. Et celui-ci ne mérite plus son nom, il n'est plus indivisible, puisque la mort fait exploser son illusoire apparence de cohérence. C'est précisément l'attachement à cette apparence d'un « je » qui crée la souffrance, et tous les malheurs du monde. Le bouddhisme est donc, de toutes les traditions,

Troisième lettre

la plus radicale dans son « agnosticisme » vis-à-vis de l'âme. Méfions-nous, certes, des raccourcis trompeurs qui le comparent à un nihilisme, mais il n'en reste pas moins que son anthropologie est étrangère à toutes les autres. Contrairement à ce que croient beaucoup d'Occidentaux, la compassion bouddhiste, par exemple, n'est en rien comparable à l'amour de type judéo-chrétien : elle ne naît pas d'un rapport d'âme à âme, mais se fonde justement sur le fait que dans un univers d'impermanence totale, tous les êtres vivants sont interdépendants, dénués de cette unicité qui leur fait croire à leur autonomie. Vision intéressante, mais dont on mesure mal en général l'étrangeté fondamentale.

À côté de ces pensées orientales, celle de la Grèce nous semble plus familière. Mais en réalité, telle qu'elle transparaît dans les écrits de Platon, où mythes et drames vécus se mêlent aux interprétations rationnelles, elle n'en est pas moins assez complexe. Nous pouvons en lire de longs développements dans le *Phèdre* et *La République*. Sans vouloir vous assommer de culture classique, je voudrais seulement partager avec vous quelques lignes que votre interrogation m'a

De l'âme

poussé à retrouver dans ma bibliothèque. Par exemple, ce passage imagé du *Phèdre* qui nous montre combien les Grecs sont conscients de la tension interne qui existe en l'âme et de ses différentes composantes parfois contradictoires : « Imaginons donc l'âme comme une puissance dans laquelle sont naturellement réunis un attelage et un cocher, soutenus par des ailes. Chez les dieux, les chevaux et les cochers sont tous bons et de bonne race, mais hors de ce cas leurs qualités sont mêlées. Chez nous, il y a d'abord celui qui commande, et conduit les deux bêtes attelées, mais si l'un des chevaux est excellent, et d'excellente race, l'autre est tout le contraire, par lui-même et par son origine : dès lors la conduite de l'attelage, dans notre cas, est un métier difficile et ingrat. Comment, dans ces conditions, l'être vivant est-il appelé mortel ou immortel, c'est ce qu'il faut tâcher d'exposer. Tout ce qui est âme a charge de tout ce qui est inanimé ; cette âme circule à travers tout le ciel tantôt sous une forme, tantôt sous une autre. Quand elle est parfaite, et porte des ailes, elle s'élève dans les hauteurs et gouverne le monde entier ; quand elle a perdu ses ailes, elle est entraînée jusqu'à ce qu'elle saisisse quelque chose de solide ; là, elle établit sa demeure, prend un corps terrestre qui semble se mouvoir de son propre mouvement grâce à la force qui appartient à l'âme ; l'ensemble ainsi constitué, corps et âme unis, reçoit le nom de vivant, et on le qualifie de mortel. Quant au terme d'immortel, on ne peut en rendre compte par aucun raisonnement en forme. Mais nous forgeons, sans voir et sans connaître suffisamment la divinité, une idée de celle-ci ; c'est un être vivant immortel, pourvu d'une âme et d'un corps, naturellement unis et pour toujours... L'aile a reçu de la nature le pouvoir d'entraîner vers le haut ce qui pèse, en l'élevant du côté où demeure la race des dieux. C'est elle qui, d'une certaine manière, parmi toutes les choses corporelles, participe le plus au divin. Or le divin est beau, sage, bon, et possède toutes les qualités de cet ordre : c'est là ce qui nourrit et développe le mieux les ailes de l'âme, tandis que la laideur, le mal, les défauts contraires aux précédentes qualités causent leur ruine et leur destruction... »

La conception qu'expose ce passage prévoit que peu importe l'état (humain ou divin) dans lequel l'âme vit, elle n'est jamais sans être unie à un corps. Chez les mortels, elle s'incarne successivement, mais en elle-même elle demeure immortelle, et nous fait donc participer d'une dimension divine. L'idée de l'immortalité de

De l'âme

l'âme sera fortement affirmée ailleurs, notamment dans *Le Banquet*.

Voilà qui est intéressant pour nous, mais cette vision dualiste va dans le sens d'une dépréciation du corps, qui sera vu dans la tradition platonicienne comme le « tombeau de l'âme » – ou sa cage, si l'on reprend l'image de l'oiseau. On le voit bien dans le passage suivant du *Phédon* : « Tant que nous aurons le corps, et qu'un mal de cette sorte restera mêlé à la pâte de notre âme, il est impossible que nous possédions jamais en suffisance ce à quoi nous aspirons ; et, nous l'affirmons, ce à quoi nous aspirons, c'est le Vrai. Le corps en effet est pour nous source de mille affairements, car il est nécessaire de le nourrir ; en outre, si des maladies surviennent, elles sont autant d'obstacles dans notre chasse à ce qui est. Désirs, appétits, peurs, simulacres en tout genre, futilités, il nous en remplit si bien que, comme on dit, pour de vrai et pour de bon, à cause de lui il ne nous sera jamais possible de penser, et sur rien. Prenons les guerres, les révolutions, les conflits : rien d'autre ne les suscite que le corps et les appétits. Car toutes les guerres ont pour origine l'appropriation des richesses. Or, ces richesses, c'est le corps qui nous force à les acquérir, c'est son service qui nous rend esclaves.

Troisième lettre

Et c'est encore lui qui fait que nous n'avons jamais de temps libre pour la philosophie, à cause de toutes ces affaires... Pour nous, réellement, la preuve est faite : si nous devons jamais servir purement quelque chose, il faut que nous nous séparions de lui et que nous considérions avec l'âme elle-même les choses elles-mêmes. Alors, à ce qu'il semble, nous appartiendra enfin ce que nous désirons et dont nous affirmons que nous sommes amoureux : la pensée. Cela, une fois que nous aurons cessé de vivre, et non pas – tel est le sens du raisonnement – de notre vivant. Car s'il est impossible, en la compagnie du corps, de rien connaître purement, de deux choses l'une : ou bien il n'existe aucune manière possible d'acquérir le savoir, ou bien c'est une fois qu'on en aura fini, puisque c'est alors que l'âme, elle-même en elle-même, sera séparée du corps, mais pas avant... »

Toujours du côté de la Grèce, après Platon mettant en scène l'enseignement de Socrate, Aristote, à l'esprit plus concret, distingue trois âmes : l'âme nutritive, commune aux végétaux et aux animaux ; l'âme sensitive, spécifique aux animaux ; et l'âme pensante, qui donne aux humains un statut particulier parmi tous les vivants.

De l'âme

Après la Grèce, mon regard se tourne naturellement vers les trois monothéismes, et d'abord vers le premier d'entre eux, le judaïsme. Je me base ici sur le *Dictionnaire encyclopédique du judaïsme*, remarquable de clarté. Dans la Bible, d'une façon générale, des mots tels que *nèfech*, *rouah*, *nechamah*, traduits habituellement par « âme » ou « esprit », désignent la vie ou la personnalité de l'individu. Les livres plus tardifs contiennent des passages que l'on peut comprendre comme une référence à l'esprit ou l'âme séparée du corps : « L'âme de mon seigneur sera enfermée dans le sachet de vie auprès de l'Éternel ton Dieu » (1 S 25, 29) ou : « Tout va vers un lieu identique : tout vient de la poussière et tout retourne à la poussière. Qui sait si le souffle des fils d'homme monte vers le haut ou si le souffle des bêtes descend en bas vers la terre » (Qo 3, 20-21). Pour les sages du Talmud, l'âme humaine est séparée du corps. Ils établissent une analogie entre la relation de Dieu au monde et celle du corps à l'âme. Lorsque David dit cinq fois dans les Psaumes : « Loue l'Éternel, ô mon âme », il le fait, selon les sages, en référence à Dieu et à l'âme : « De même que Dieu emplit le monde entier, l'âme emplit tout le corps ; de même que

Troisième lettre

Dieu voit mais ne peut être vu, l'âme voit mais ne peut être vue ; de même que Dieu nourrit le monde entier, l'âme nourrit tout le corps ; Dieu est pur, l'âme aussi ; Dieu réside "en un lieu très secret", l'âme aussi. » Et de conclure : « Il est bon que l'âme qui possède ces cinq attributs vienne glorifier Celui qui possède ces cinq attributs » (Talmud de Babylone, Berakhot 10a).

Une autre version déclare : « L'âme survit au corps et Dieu survit au monde » (Lévitique Rabba 4,8). Cette affirmation se récite dans la liturgie du matin, dans une prière que l'on trouve dans le Talmud : « Mon Dieu, l'âme que tu me donnes est pure. Tu la créas. Tu la formas. Tu me l'insufflas. Tu la préservas en moi et tu me la prendras, mais me la rendras dans la vie future… Bénis sois-tu, mon seigneur, qui rends l'âme aux morts. » En reconnaissant que l'âme qu'il a reçue est « pure », le fidèle assume la responsabilité du combat moral et son issue, il admet que la tâche de l'homme est de rendre à Dieu à la fin de chaque jour et surtout à la fin de sa vie une âme sans tache et non corrompue par ses contacts avec le mal.

Au Moyen Âge, un Maïmonide, qui suit généralement Aristote, concilie sa philosophie avec le judaïsme. Pour lui, l'âme est essentiellement une, mais s'exprime à travers cinq facultés différentes : nutritive, sensitive, imaginative, émotionnelle et rationnelle. Tandis que les quatre premiers aspects de l'âme périssent avec la mort du corps, chaque personne a la possibilité d'accéder à l'immortalité en développant sa faculté rationnelle en une entité non plus potentielle mais parfaite, devenant par là permanente et indestructible. Cette notion d'une âme qui se développe met en évidence la liberté de choix de l'homme et lie la récompense ultime (immortalité de l'âme avec Dieu) et la punition (disparition complète) de l'individu à ses propres actions. En revanche, les opinions d'un Yehouda Halévy et d'un Hasdaï Crescas apparaissent plus proches de la tendance générale du judaïsme, à savoir que le développement de l'âme vers l'immortalité, qui est la communion avec Dieu, dépend, en premier lieu, non d'une activité intellectuelle ou d'une acquisition de savoir (faculté rationnelle), mais des actions morales et de l'amour de Dieu. À propos de la « vie éternelle », je précise que pour les rabbins, le monde à venir signifie une existence toute spirituelle à laquelle accède l'âme méritante après la mort physique, dans laquelle « il n'y a ni manger ni boire, mais où les justes jouissent de la splendeur de la Présence divine » (Berakhot 17a).

Troisième lettre

La tradition musulmane, très proche en fait de la judaïque (y compris dans les racines étymologiques de son vocabulaire spirituel), parle par exemple de *Rûh* comme la Bible parle de *Ruah*. Mais là aussi, nombre de philosophes ont développé tout un vocabulaire pour distinguer ce qui relève des fonctions physiologiques, psychiques et spirituelles de l'être. Surtout, les grands mystiques soufis ont créé, chacun suivant sa perspective, toute une typologie des âmes, distinguées suivant les qualités du fidèle qu'elles expriment sur son chemin spirituel. « Au fur et à mesure de son épuration par un procédé de rappel (*Dhikr*), explique Faouzi Skali dans *La Voie soufie*, l'âme gravite à travers les étapes qui doivent la mener à la connaissance de Dieu. À chaque nouvelle étape, l'âme apparaît avec de nouveaux caractères. » C'est que les soufis envisagent l'âme dans leur perspective initiatique, il s'agit donc pour elle de passer de « stations » en « stations », dans un voyage de mondes en mondes de plus en plus proches du divin, qui a donné lieu à de très riches métaphores poétiques. Métaphores souvent amoureuses (l'Aimé à la recherche de son Amant divin), mais la plus connue sans doute, et l'une des plus suggestives, nous vient du poète persan Attar dans sa *Conférence des oiseaux* : une trentaine d'oiseaux pèlerins partent à la recherche de leur roi, traversent mille épreuves et mille mondes, avant de découvrir que ce souverain mythique, le Simorgh, n'est autre que leur moi profond.

Le christianisme a repris beaucoup d'éléments du judaïsme. Mais de façon singulière, il met en avant la valeur de la personne. Unicité de chaque être, unicité de chaque destin aussi. L'idée de la réincarnation lui est étrangère, puisque la résurrection qu'il promet n'est pas dans le renouvellement d'une existence du même ordre ; elle relève d'un autre ordre marqué par la transfiguration de l'expérience vécue éprouvée par l'amour. Comme le Christ, tout en affrontant le mal extrême, a incarné le bien absolu, tout le spectre des actes dont l'âme humaine est capable nous est montré à travers les protagonistes du récit évangélique. Par la suite, au long des siècles, les théologiens successifs ont reconnu en l'âme humaine une partie supérieure capable d'élévation sublime et une partie inférieure susceptible de céder à l'attraction du mal sous toutes ses formes. Surtout, les Pères de l'Église, ceux-là mêmes qui ont élaboré cette vision si singulière d'un Dieu à la fois Trois et Un, ont donné en quelque sorte une correspondance terrestre à la

Troisième lettre

Trinité, à travers leur vision ternaire de l'homme, en tant que corps-âme-esprit. L'homme ayant été créé « à l'image de Dieu », il était tout naturel aux yeux de ces Pères que la circulation de la vie en lui se fasse sur le mode ternaire. Ainsi l'ordre de la vie humaine répondait comme en écho à celui de la Vie divine. Oui, la triade corps-âme-esprit est l'intuition peut-être la plus géniale des premiers siècles du christianisme – intuition quasi oubliée par l'Occident qui lui a préféré le dualisme corps-esprit à partir du deuxième millénaire, mais qui reste encore vivante dans l'Orient chrétien.

Les trois entités complémentaires et solidaires de cette triade peuvent entretenir des tensions entre elles. La contradiction peut exister entre corps et âme ou entre corps et esprit. Mais le jeu dialectique majeur, parce que fécond, se joue entre âme et esprit. Ce qui est en jeu est toute une série de rapports entre le particulier et le général, entre l'intérieur et l'extérieur, entre l'affectif et le rationnel, entre la passion et la raison, entre le besoin de l'imaginaire et l'exigence du réel, entre l'inexprimable et l'exprimé, entre la mémoire enfouie et le présent dominé, entre l'intuition de l'infini et la conscience de la finitude... À l'heure décisive, la distinction entre âme et esprit est nette, comme

De l'âme

l'affirme saint Paul dans l'épître aux Hébreux : « La Parole de Dieu est vivante et efficace, plus tranchante qu'un glaive, pénétrante jusqu'à séparer âme et esprit, jointures et moelles. » Et dans ce face-à-face entre ces deux pôles, ne croyez pas que mon état de poète m'amène à prendre le parti exclusif de l'âme, au nom de je ne sais quel anti-intellectualisme. Non, encore une fois, je reconnais volontiers le rôle majeur de l'esprit. C'est lui qui permet à l'âme de prendre conscience et de se développer. C'est lui qui rend possibles construction et réalisation. Sa place est centrale. Pourtant, par rapport à cette centralité, je crois qu'il faut attribuer à l'âme une place à la fois initiale et ultime. Comme je l'ai souligné précédemment, au plan individuel, l'esprit peut connaître déficience ou défaillance, et ces circonstances – qu'elles soient dues à la maladie, à l'âge, au handicap – nous font réaliser que seule l'âme demeure entière le long d'un parcours terrestre, en tant que marque indélébile d'une unicité et, finalement, d'une unité d'être.

Chère amie, excusez les références culturelles de cette lettre. Elles n'ont pas pour but de me défausser vis-à-vis de votre interrogation, que

Troisième lettre

j'ai ressentie comme une interpellation personnelle. Mais il fallait ce détour pour vous dire ma pensée propre. Ce survol m'amène en effet à un constat essentiel : à part le bouddhisme dans la version la plus extrême de sa doctrine, toutes les grandes traditions spirituelles ont pour point commun d'affirmer une perspective de l'âme située au-delà de la mort corporelle. Cette affirmation est basée sur l'idée que l'âme de chaque être est reliée au Souffle primordial qui est, je l'ai dit, le principe de Vie même. Compte tenu de ce fait, notre âme, animée par un authentique désir d'être, a le don de nous rappeler – quelle que soit notre « croyance » – combien la vie de chacun de nous participe d'une immense aventure que les Chinois nomment le Tao, la Voie, aventure unique en réalité – il n'y en a pas d'autres – qui connaîtra des transformations mais point de fin, celle de la Vie.

En toute fidélité,

F.C.

Quatrième lettre

Chère amie,

Merci de cette fraîcheur d'air marin que m'apporte votre dernière lettre. J'ai intensément vécu avec vous ce moment que vous me décrivez, où, après avoir traversé la haute vallée et suivi une route en pente, tout d'un coup, à un tournant, entre deux rochers, vous apercevez au loin le carré bleu de la mer, d'une vive luminosité, tel un gros saphir qu'on vous offre des deux mains. Et je suis en communion avec vous quand vous ajoutez – je vous copie pour mieux m'en imprégner : « Comme à chaque fois, mon cœur bondit et mon âme s'emplit de gratitude. À la vue d'une mer trop pleinement et immédiatement étalée, qu'on a l'habitude de prendre pour un cadre trop naturellement à notre disposition, comme si elle nous était due, je préfère cette vision d'un pan concentré mais plein de promesse. Il me rappelle combien la beauté de la vie est un don précieux qui demande à être chéri, révélé, transfiguré, porté au plus haut degré de sa capacité de communion. »

Comme tout cela est bien senti et dit ! C'est la vérité même.

J'ai été touché aussi par la suite, où vous vous plaignez de l'ambiance dans laquelle nous vivons. Oui, comme vous le dites, tout ce qui vient de l'âme est aujourd'hui tenu pour secondaire, voire obsolète. Celui qui ose se réclamer de l'âme prend le risque d'être traité de ringard, de spiritualiste, voire de suppôt des religions. On ne jure plus que par l'esprit au sens le plus restreint du terme, en se campant dans une idéologie réductionniste et figée. Dans ces conditions, une discussion sincère, un authentique échange étant devenus impossibles, on n'est plus en mesure de faire naître des idées vivifiantes, qui ouvrent sur la vraie vie. Ou alors on se réfugie dans l'attitude distanciée qui consiste à « faire de l'esprit » sur ces questions essentielles. On cherche à briller, à épater la galerie en lançant des phrases assassines, en scrutant les failles de l'autre pour mieux le faire chuter.

En résumant votre pensée, je comprends ce sentiment d'exclusion, d'étrangeté qui est le vôtre, et que je partage souvent. Mais je crois

Quatrième lettre

qu'il ne faut pas se décourager, et qu'il convient de considérer calmement les choses. Il reste encore possible de nouer un dialogue positif avec ceux qui ne jurent que par l'esprit et qui nient l'existence même de l'âme. Il ne s'agit nullement de convaincre, mais seulement de faire état d'une perception, comme je l'ai tenté jusqu'ici dans mes précédentes lettres. Il s'agit d'exprimer la perception d'une richesse et d'un dépassement qu'il serait mortifère de négliger. Sempiternelle querelle entre spiritualité et matérialisme ? Pas seulement. À mes yeux, le couple formé par les seuls corps et esprit, sans autre référence, engendre un dualisme qui de fait est un système clos. Le face-à-face éculé de ces deux instances a tendance à rétrécir les perspectives d'un devenir ouvert. Beaucoup de hautes recherches se contentent de renvoyer à un état de la matière inférieur à l'esprit – à l'esprit qui permet des découvertes passionnantes. Par exemple, à notre époque, nous portons une immense admiration aux astrophysiciens, aux biologistes et aux spécialistes des neurosciences. Cela est justifié. Grâce à l'ingéniosité de leur esprit, ils ont fait des avancées fantastiques dans leurs domaines respectifs. Les conclusions qu'ils tirent de ces hauts faits, en revanche, souvent nous déçoivent : nous

De l'âme

ne serions que des « poussières d'étoiles », des « amas de molécules » ou des « faisceaux de neurones ». Il en va de même avec les philosophes, ceux qui se contentent de briller par une pensée qui tourne sur elle-même ou qui cherche à s'accommoder de la tyrannie du corps.

Toujours est-il que pour ceux qui prônent l'esprit – rationnel au sens étroit du mot – comme critère de valeur, tout ce qui dans la vie réelle se manifeste sous forme de sentiments, de sensibilité, de ravissement devant le cri d'un oiseau ou le sourire d'un bébé, d'émotion devant la beauté d'un visage ou d'un paysage, de larmes qui vous viennent lorsque la nostalgie vous étreint, d'une berceuse qui vous revient lorsqu'un chant de femme vous empoigne, d'un geste de tendresse à la place de mots, d'un agenouillement face à la grandeur d'un sacrifice... tout cela n'a de valeur que secondaire : si on ne peut l'analyser de façon réductrice, si cela ne peut faire l'objet de savoirs scientifiques, ce n'est même plus du « réel », c'est bon à être mis au rebut, ou tout au plus dans la cave ou le grenier de notre demeure d'être.

Or, il nous arrive justement de fouiller le grenier, pour meubler notre désœuvrement, et nous découvrons dans de vieilles malles des paquets de papiers jaunis recouverts de poussière, à côté des

Quatrième lettre

photos, des diplômes, d'un journal, des lettres, laissés par l'un de nos aïeux ou l'un de nos parents. Se révèle alors à nous tout un ensemble d'élans, de joies, de chagrins, de passions, plus ou moins avoués, de blessures jamais tout à fait guéries. Nous nous rendons compte que là est son vrai destin, cette part intimement personnelle et irremplaçable de l'être. Une vérité nous saute aux yeux : la vraie vie ne se limite pas aux savoirs portant sur le comment des choses, savoirs dont le mérite est certain ; elle est dans le désir même que chacun porte à la Vie, désir d'une vie ouverte en communion avec d'autres vies, dans une commune Présence où tout fait signe, tout prend sens. Si le temps doit venir où un dieu créera un nouvel ordre de vie, c'est avec les âmes gardant faim et soif de la vraie vie qu'il le fera. Me revient en mémoire un poème écrit jadis :

Toi, dieu de souvenance, tu le sais,
Tous nos désirs vécus ici demeurent
Intacts. Si un jour tu dois revenir
Vers nous, ce ne sera point par pitié,
Car toi, dieu d'advenance, tu auras
Besoin de nous pour te refaire une vie,

Nous qui avons survécu à l'abîme.

De l'âme

Je repense ici aux dires de quelques personnalités que ma mémoire, au cours d'une vie, a retenus en passant.

Je pense à une expression qu'emploie Rousseau dans une lettre à Milord Maréchal, au moment où il lui fait part de son intention d'écrire sa vie : « Non ma vie extérieure comme les autres, dit-il, mais ma vie réelle, celle de mon âme, l'histoire de mes sentiments les plus secrets. »

Je pense à Cocteau nous invitant à imaginer un être supérieurement intelligent qui depuis une autre planète observerait la nôtre. Voyant un savant humain en train de réussir un calcul particulièrement ardu, il aurait un sourire condescendant, l'air de dire : « C'est pas mal. » En revanche, il resterait interdit devant une figure comme Van Gogh, son âme tourmentée qui a relevé le terrible défi de la création conférant à son corps calciné une dignité autre devant laquelle on ne peut que s'incliner.

Cette image me rappelle le portrait que, dans ses *Souvenirs*, Tocqueville dresse du roi Louis-Philippe : il parle de sa « conversation prolixe, diffuse, originale, triviale, anecdotière, pleine de petits faits, de sel et de sens » qui est un vrai plaisir pour l'intelligence… mais il conclut ainsi : « Son

Quatrième lettre

esprit était distingué, mais resserré et gêné par le peu de hauteur et d'étendue de son âme. »

Je pense à Kierkegaard pour qui l'homme est cet être dont la chair finie est transpercée par l'épée de l'infini. Il avoue dans son *Journal* le désespoir qui l'envahit un jour, après avoir brillé en société pendant tout un après-midi : il a épaté la compagnie avec ses mots d'esprit, « mais je partis, écrit-il, et – le trait à tirer ici doit être aussi long que le rayon terrestre – je voulais me tirer une balle dans la tête ». Son âme lui rappelait que la vraie vie est dans l'humble abandon à quelque chose de plus grand, de plus élevé, de plus infini que soi. Et c'est parce qu'au cœur de son désespoir il aura enfin retrouvé cet abandon qu'il pourra parler plus tard d'« une joie indescriptible... non telle ou telle joie particulière mais le cri débordant de l'âme "avec la langue et la bouche et du fond du cœur". Je me réjouis par ma joie, de, dans, avec, chez, sur, par et avec ma joie ».

Cette joie que Kierkegaard rapporte au « Réjouissez-vous toujours dans le Seigneur, je le répète, réjouissez-vous » de l'apôtre Paul dans son épître aux Philippiens me rappelle naturellement le « Joie, joie, joie, pleurs de joie » de Pascal. Pascal qui a le mieux parlé de la triade corps-esprit-âme que j'évoquais dans ma précédente lettre, en lui donnant une dimension verticale à travers la figure des trois ordres superposés. Je vous rappelle l'essentiel de ce passage inoubliable des *Pensées* – je le cite un peu longuement, car je vous suggère de le garder précieusement et d'y revenir sans cesse, comme moi-même je le fais :

« *La distance infinie des corps aux esprits figure la distance infiniment plus infinie des esprits à la charité, car elle est surnaturelle.*
Tout l'éclat des grandeurs n'a point de lustre pour les gens qui sont dans les recherches de l'esprit.
La grandeur des gens d'esprit est invisible aux rois, aux riches, aux capitaines, à tous ces grands de chair.
La grandeur de la sagesse, qui n'est nulle sinon de Dieu, est invisible aux charnels et aux gens d'esprit. Ce sont trois ordres différents, de genre.
Les grands génies ont leur empire, leur éclat, leur victoire et leur lustre, et n'ont nul besoin des grandeurs charnelles où elles n'ont pas de rapport. Ils sont vus non des yeux mais des esprits. C'est assez.
Les saints ont leur empire, leur éclat, leur victoire, leur lustre et n'ont nul besoin des grandeurs charnelles ou spirituelles, où elles n'ont nul rapport car elles n'y ajoutent ni ôtent. Ils sont vus de

Dieu et des anges et non des corps et des esprits curieux. Dieu leur suffit...

Tous les corps, le firmament, les étoiles, la terre et ses royaumes, ne valent pas le moindre des esprits. Car il connaît tout cela, et soi, et les corps rien.

Tous les corps ensemble et tous les esprits ensemble et toutes leurs productions ne valent pas le moindre mouvement de charité. Cela est d'un ordre infiniment plus élevé.

De tous les corps ensemble on ne saurait faire réussir une petite pensée. Cela est impossible et d'un autre ordre. De tous les corps et les esprits on ne saurait tirer un mouvement de vraie charité, cela est impossible et d'un autre ordre surnaturel. »

La charité, c'est l'ordre de l'amour dans lequel l'âme de chacun communie, de don à don, avec la générosité du principe de vie qui se donne indéfiniment. Chacun perçoit en lui-même – peu importe son degré d'intelligence, peu importe l'état de son esprit – un chant natif qui l'accompagne sans interruption, même si tant de fois, assourdi par le bruit du monde, il ne l'entend plus lui-même. Sous l'injonction de Rilke qui nous rappelle dans les *Sonnets à Orphée* que « chanter, c'est être », je dis aussi, avec Claudel reprenant l'interpellation biblique : « N'empêchez pas la musique ! »

De l'âme

En chinois, il existe une expression qui décrit cet état où, vers le soir ou dans la nuit par exemple, la nature semble se recueillir en silence. L'expression possède deux versions : *Wan-nai-wu-sheng*, « Les dix mille sons se font silence », et *Wan-nai-you-sheng*, « Les dix mille sons se font entendre ». Ces deux versions apparemment opposées signifient à l'oreille d'un Chinois la même chose. Lorsque le silence se fait, c'est alors qu'on entend chaque son en son essence. Apprenons donc à ne pas nous étourdir de paroles vaines à longueur de jour, à ne pas céder au bruit du monde. Apprenons à entendre la basse continue ponctuant le chant natif qui est en nous, qui gît au tréfonds de l'âme. Cette âme, capable de résonner avec l'Âme universelle, peut nous étonner par sa vastitude insoupçonnée. Savoir qu'on a une âme ou l'ignorer, cela ne revient pas au même. Savoir qu'on a une âme, c'est porter une attention éveillée aux trésors qui peuvent s'offrir dans la grisaille des jours, laquelle s'exerce à tout ensevelir. Trésors dénichés qu'on ne met plus dans la poussière du grenier, qu'on chérit au lieu de les jeter au vent. De plein gré ou à notre insu, on s'engage alors dans un processus où le corps charnel se sature à mesure de l'âme, et l'âme, instruite par le corps sans se soumettre à lui, devient une entité de plus en plus autonome, et charnelle.

L'âme charnelle est d'une autre chair.

Haute flamme par-dessus les sarments,
Pure extase née de l'unique nectar,
Nuage, plus que le vol d'aigle, éthéré,
Lune, plus que les marées, caressante,
Rêve d'enfant pourchassant l'étoile filante,
Cri d'appel rejoignant le souffle originel...

D'une tout autre chair l'âme charnelle.

Voyez, chère amie, vous n'êtes pas seule.
Et nous ne sommes pas seuls, tous deux, à savoir que nous avons une âme, à ne pas négliger cette part irremplaçable qui est notre être même. Elle est précieuse aussi bien pour soi que pour les autres êtres rendus inaliénables par le miracle de la rencontre, un miracle qui ne peut se produire que grâce à l'intelligence du cœur, autrement dit à l'amour.
Et cela ne nous dispense absolument pas de relever le défi radical qui nous est lancé, plus que jamais d'actualité : dévisager le mal. Son œuvre

De l'âme

fait irruption dans notre quotidien à travers les attentats, les guerres et la misère de tant d'êtres humains écrasés par la cupidité de quelques-uns. Nous devons solliciter toute la capacité de notre esprit pour analyser cette situation de chaos, sans jamais cesser de sonder la part d'abîme que porte l'âme humaine, afin de pouvoir l'extirper. Car il y a les instances du politique et de l'économie où nous devons défendre les droits de l'intelligence et de la justice, mais il y a aussi ce fond de l'âme humaine qu'ont scruté un Dante et à sa suite un Shakespeare, un Hugo, un Dostoïevski – et tant d'autres encore, notamment celles et ceux qui à l'image du Christ l'ont affronté au prix de leur vie. C'est seulement ainsi que la part de lumière de notre âme aura une chance d'émerger réellement.

Je vous redis toute mon amitié,

F.C.

Cinquième lettre

Chère amie,

L'évocation de vos « souvenirs essentiels » m'a rempli d'une joie ineffable, et je vous remercie de tout cœur de ce partage. Vous avez raison : à l'instar de Georges Perec, chacun de nous devrait écrire un jour – au moins intérieurement – son *Je me souviens*, car il est essentiel de retracer, pour soi ou en le partageant, l'itinéraire de son âme, qui est notre vraie vie.

Pour ma part, quand je fouille ma mémoire – sans même faire le long chemin d'introspection auquel vous vous êtes livrée –, je détecte des moments où l'œil de mon âme me procure des émotions en me faisant voir sous l'apparence des phénomènes d'autres rapports et d'autres réalités.

Je me rappelle cette plaine à l'ouest de la Chine où, par le hasard du vagabondage, nous avons passé la nuit dans une hutte. À l'aurore, ouvrant les yeux, nous découvrons, émergeant de la brume nocturne, trois vieux pins sur un tertre, à distance juste entre eux, pleins d'une attirance et d'une révérence mutuelles. Tout l'espace ouvert au vent trouve en eux sa mesure, son rythme. Pendant ce temps, au ras de l'horizon, le soleil levant pose son sceau rouge. En un éclair je comprends : la beauté de l'univers est là en permanence ; chaque âme peut la capter pour en faire un tableau. La création humaine prolonge ainsi la Création tout court.

Je me rappelle cette montagne dans les Alpes où nous avons passé la nuit dans un refuge. Tôt le matin, nous grimpons jusqu'au sommet. Là, en son silence solitaire, un petit lac nous attend. Un lac entre terre et ciel qui, de tout son bleu virginal, reflète le bleu originel du firmament. Les nuages qui y jettent leurs ombres, la brise qui le ride, les herbes folles et les fleurs sauvages qui s'y mirent, les oiseaux qui le survolent, rien ne parvient à troubler sa calme limpidité. Il demeure un miroir et nous invite à l'être. Nous sommes là, sur ce sommet, au cœur de l'immense, minuscules, anonymes. Pourtant, l'espace d'un instant, nous nous sentons effectivement miroir, parce que ce coin secret, présence inexplicablement belle, nous l'avons vu et nous en sommes émus. Sinon tout cela aurait été vain, et rien n'aurait été su. À moins qu'un Autre le sache ?

Cinquième lettre

Auquel cas, le miroir que nous sommes, l'espace d'un instant, serait moins vain aussi. Toujours est-il que par-devers moi, je pense alors à quelqu'un parmi nous qui a eu le génie de rendre la chose plus durable. Je pense à *La Joconde* de Vinci. Celui-ci n'a-t-il pas justement peint, dans son tableau, un lac en hauteur couronnant un paysage de montagne, qui depuis la vallée profonde remonte par étapes jusqu'au sommet ? Ce paysage vertical sert d'arrière-fond à la figure féminine du premier plan. Le lac du sommet se trouve exactement au niveau des yeux du personnage. La lumière proprement surnaturelle qui le baigne rehausse celle qui se dégage du regard de la Joconde. Du coup, le tableau prend une dimension tout autre. Initialement portrait d'une bourgeoise florentine, le tableau figure à présent l'interrogation pour ainsi dire métaphysique portant sur le mystère de la beauté. Sur le miracle que constitue ce paysage originel qui contient la promesse de la beauté et qui aboutit effectivement à la beauté d'un corps, d'un visage, incarnée par la femme. Interrogation vibrante d'étonnement. Qu'est-ce qui est arrivé ? Comment se fait-il que cela se soit passé ainsi ? Qu'est-ce que la beauté ? Que signifie-t-elle, si tant est qu'elle ait une signification ? Qui sommes-nous, nous qui en sommes partie prenante ? Ce sont toutes ces questions confusément posées qui rendent le sourire de la Joconde fascinant, et le tableau unique.

Pensant à Vinci, pensant à l'étonnement devant la beauté, comment effacer de ma mémoire un autre tableau de lui qui figure la fascination du dieu même devant la beauté du corps humain. Je me rappelle *Léda,* vu jadis à la villa Borghèse à Rome. Jupiter se changeant en cygne afin de séduire la femme et de la pénétrer. Contrairement aux autres peintres qui présenteront Léda assise ou couchée, Vinci est le seul à la faire apparaître debout, offrant frontalement à la lumière du monde la plénitude de son énigmatique splendeur – sans doute le nu le plus « osé » de la Renaissance, davantage que la *Vénus* de Botticelli. Tandis que le cygne tente d'envelopper ses cuisses de ses ailes, Léda s'efforce d'éloigner le long cou tendu vers sa bouche en le saisissant de l'une de ses mains. Il se dégage de ce tableau une extraordinaire force persuasive. Dans la plupart des œuvres d'autres peintres sur le même thème, on assiste à une scène où le rapt, pour ainsi dire, a déjà eu lieu ; le désir du cygne est sur le point de s'accomplir, ce qui va suivre ne peut être que le déclin, autrement dit la « petite mort ». Le génie du grand Florentin

Cinquième lettre

consiste à saisir le moment d'avant, celui de la montée du désir – telle la montée de sève à l'intérieur d'un arbre. Se joue devant nous un drame divino-humain en pleine tension, une tension faite de pulsions irrépressibles et d'ambiguïtés indéfinissables. Le dieu, happé par la beauté de la créature, est stupéfié par son propre désir ; la femme, résistant à l'être étrange qui s'empare d'elle, est secouée d'un frisson qui l'ébranle. Ce tableau incroyablement charnel et néanmoins pudique est considéré comme la copie la plus fidèle d'une œuvre qui en réalité a disparu. Grâce à lui toutefois, l'original habite désormais notre imaginaire qui n'en finira plus de rêver la scène comme l'artiste lui-même l'avait rêvée. Une autre forme de communion sans fin entre les âmes.

Ce chef-d'œuvre perdu me fait penser à un autre, tout aussi célèbre, de la peinture chinoise, à savoir *Le Séjour à Wang-chuan* de Wang Wei (VIIIe siècle). De ce tableau, sublime aux yeux de ceux qui avaient eu le privilège de le contempler, nous ne connaissons que des copies. Il habite là aussi l'imaginaire de tous les artistes qui sont venus après et qui n'ont eu de cesse de le recréer selon leur propre rêve. Mystère de l'absence-présence ! Ici, une interrogation plus élargie pourrait venir nous hanter. Tout n'est-il que

De l'âme

subjectif ? Tout n'est-il qu'illusion ? Par rapport à l'univers vivant par exemple, nous qui sommes sensibles à tant de ces éléments, nous leur donnons sens, alors que lui nous paraît indifférent, comme absent de nos aspirations. Sommes-nous définitivement des délaissés, des solitaires, nostalgiques d'une origine perdue, faisant et défaisant sans cesse des rêves, manquant cruellement de répondant ? Non, il faut voir la chose autrement, dit un maître. Si nous manquons apparemment de répondant dans l'univers vivant, c'est que nous-mêmes nous en sommes les répondants.

Je me rappelle la visite mémorable que j'ai faite au grand peintre très âgé qui vivait en ermite au fond d'une vallée, abri précaire au milieu d'un monde bouleversé. Il entendait rester fidèle aux grands maîtres des Song et des Yuan qui, à un moment spirituellement élevé de la tradition chinoise, avaient saisi et réalisé une vision authentiquement juste du destin humain au sein de l'univers vivant. Cette vision n'est possible, m'a-t-il expliqué, que si l'âme humaine entre en pleine résonance avec l'Âme universelle, un état que les Anciens appellent *shen-yun*, état suprême de la création artistique. L'Âme universelle en question est au-delà de la nature ; elle est celle du Tao, la Voie, en quoi sont présents en permanence le Vide originel et le Souffle primordial. Quant à la nature proprement dite, elle ne saurait nous répondre directement puisque nous-mêmes en sommes les yeux ouverts et le cœur battant. Là-dessus, le maître déroule les précieux rouleaux qu'il possède. Se déploient devant nous d'immenses paysages de montagne et d'eau tout de grandeur sacrée et de profondeur frissonnante, parcourus par d'invisibles souffles rythmiques. Au cœur des paysages, un ou plusieurs petits personnages en pleine contemplation. Commentaire du maître : « Pour un œil occidental habitué à la peinture classique où les personnages sont campés au premier plan et le paysage relégué à l'arrière-fond, le personnage dans le tableau chinois paraît complètement perdu, noyé dans la brume sans limite du Grand Tout. Mais si, avec un peu de patience et de lâcher-prise, l'on consent à contempler le paysage, jusqu'à y pénétrer en profondeur, on finit par concentrer son attention sur le petit personnage, par s'identifier à cet être sensible qui, placé à un point privilégié, est en train de jouir du paysage. On s'aperçoit que, véritablement, il est l'œil et le cœur même d'un grand corps. Il est pour ainsi dire le pivot autour duquel se déploie un espace organique, de sorte que celui-ci peu à peu devient son paysage intérieur. » Effectivement, j'ai compris ce jour-là que si l'on se met dans cette posture, on peut admettre qu'au sein de la Voie, l'homme a été fait pour être, comme je l'ai dit, l'œil ouvert et le cœur battant de l'univers vivant. Il n'est plus cet être déraciné, solitaire qui dévisage l'univers d'un lieu à part. En fait, si nous pouvons penser l'univers, c'est que l'univers pense en nous. Peut-être notre destin fait-il partie d'un destin plus grand que nous. Cela, loin de nous diminuer, nous grandit : notre existence n'est plus cet épisode absurde et futile entre deux poussières ; elle jouit d'une perspective ouverte.

Cette rencontre privilégiée et d'autres encore m'ont persuadé que l'âme humaine est capable d'élévation ; qu'elle est à même de joindre l'âme divine. À côté de la beauté du corps, il y a bien une beauté de l'âme. Celle-ci a pour nom « bonté », laquelle, de fait, possède l'essence de la vraie beauté. La beauté du corps ne dure pas ; elle peut aussi être corrompue par la perversion. La bonté, si elle est authentique, n'est pas limitée par le temps, elle est d'une beauté sans mélange. Ce qui m'a permis d'écrire un jour :

Cinquième lettre

La bonté est garante de la qualité de la beauté ;
La beauté, elle, rend la bonté désirable.

Chez un être, la beauté de l'âme transparaît dans le regard et se traduit par un ensemble de gestes. Elle nous touche au-delà des mots. Seules les larmes muettes parviennent parfois à dire l'émotion qu'elle suscite.

J'ai évoqué les œuvres de Vinci célébrant la beauté du corps, je devrais me rappeler un autre moment de communion au Louvre devant son tableau *La Vierge, l'Enfant Jésus et sainte Anne* qui, lui, fait vivre la beauté de l'âme. De composition à la fois verticale et circulaire, un ordre de transmission s'incarne devant nous, ayant pour force motrice l'amour maternel et l'amour du prochain. Depuis le haut vers le bas, de sainte Anne à sainte Marie, de sainte Marie à Jésus, de Jésus au petit agneau avec qui il joue, chacun a un geste de donation et de protection, ouvrant par là un espace empli de tendresse et de crainte, de fragilité et de résolution. La haute promesse de la Vie doit être tenue ; elle est tenue. Le bonheur de l'amour humain est là, indéniablement là. Cependant, un pressentiment le travaille déjà de l'intérieur : l'amour absolu est une donation totale, il est désarmé et sans défense. Un

De l'âme

jour l'enfant grandira, il ne jouera plus avec l'agneau, il sera l'agneau lui-même. Agneau acceptant son sacrifice, pour prouver que l'amour absolu existe, pour que justement la haute promesse de la Vie soit tenue. La mort sera alors soudain transformée en passage à un autre ordre de vie.

Il m'est donné de comprendre que la vraie bonté ne se réduit pas à quelques bons sentiments ou sympathies de circonstance, encore moins à une sorte d'angélisme naïf ou bonasse. Elle est d'une extrême exigence. Parce que le mal est dans le monde sous toutes ses formes, le plus terrifiant étant celui que les hommes infligent aux autres hommes. L'homme, cet être doué d'intelligence et de liberté, est « capable de tout ». Beaucoup d'âmes sont tendues vers l'élévation, sachant que là réside la vraie liberté. À l'autre bout de la chaîne, beaucoup d'autres, aveuglées par différents désirs, s'enfoncent dans la noirceur, d'une férocité et d'une cruauté sans borne. Ceux qui s'engagent dans la bonté auront à affronter les épreuves, souvent au prix de leur vie. Les chercheurs du vrai et du beau savent que sur la Voie, la souffrance est un passage obligé par lequel on peut atteindre la lumière.

Dans le gouffre tragique d'un monde enténébré, au plus noir de la nuit, la moindre lueur est signe de vie, une luciole qui passe, une étoile qui

Cinquième lettre

file, un feu qui prend... Je dirais une fois encore que chaque âme, aussi fragile et minime soit-elle, est invitée à témoigner de son vécu, d'un destin entrelacé d'enchantement, d'allégresse, de douleur, de frayeur, de remords, de regrets. Tout est appel, tout est signe. Tel est le sens de la Voie, laquelle doit continuer sa marche de transmutation et reprendre un jour tout ce qui est de Vie.

Je me rappelle aussi une nuit de mi-automne où la pleine lune était au zénith. Toute la Chine est en émoi. La terre baignée de clarté lustrale est une marée aspirée par la nostalgie de l'origine. Tous entrent dans un état second, le rêve éveillé remplaçant le sommeil. Le proche rejoint le lointain, le présent le passé, rien n'est séparé de rien, un sentiment de réunion s'empare de nous, nous place au cœur de la félicité. Nous sortons à peine de l'adolescence, déjà pris par la passion de l'amour. Nous descendons dans la vallée, longeons une rivière fleurant bon les jacinthes, au travers des champs dont la blondeur scintille au gré de la brise. Plus loin, nous gravissons une colline peuplée de pins à l'éternel sifflement plus éloquent semble-t-il que nos vaines paroles. Nos cœurs épris entrent soudain en silence. Nous prêtons oreille aux échos

De l'âme

qui nous parviennent de l'autre côté de la colline. L'appel d'une eau précipitée se fait de plus en plus pressant. Nous descendons la colline, de nouveau vers la rivière, là où, entre deux précipices, elle forme une ample chute enjambée par un pont. Ce pont, tout de fraîcheur et de grondement, est propice à l'exaltation et aux confidences. C'est le lieu de rendez-vous des amoureux. Mon cœur palpite, caressant le fou rêve que l'être secrètement chéri soit là. Parmi tous les visages présents ravis par l'instant, il en est un, unique, sans qui tout est absence. Mais, miroir tendu vers la lumière qui vient de la nuit des temps, le visage aimé est bien là, évidemment là, et il me sourit. Sur cette terre, le miracle a donc lieu. C'est comme si par-delà toutes les étoiles nous nous étions donné rendez-vous ici, et que nous avions tenu parole. Instantanément, l'instant se transforme en éternité. Cela me suffit-il ? Un amour durable en naîtra-t-il ? Une chose est sûre : tout le reste de ma vie sera nostalgie. Rien ne saura surpasser en fulgurance ce don accordé par un pont reliant deux précipices.

Je me rappelle les nuits d'amour. L'état suprême de l'extase charnelle dépasse le corps.

Cinquième lettre

Les Chinois le désignent par l'expression « âme fondue » ou « fondre en âme ».

Néanmoins, tout passe par le corps. « Le corps est le chantier de l'âme où l'esprit vient jouer ses gammes », souvenez-vous de cette formule de la grande mystique Hildegarde de Bingen. L'âme garde mémoire de ce qu'a subi le corps. Ce corps qui mesure tout au plus deux mètres, la vie terrestre le met à rude épreuve. S'il peut procurer de merveilleuses sensations de félicité, que de maux aussi il doit être prêt à subir quand arrive le malheur : soif, faim, maladies ou blessures, capables de causer des douleurs extrêmes ou des défigurations parfois insoutenables. Si jamais, dans des circonstances particulières, il tombe aux mains de tortionnaires, il doit s'attendre aux pires supplices, la cruauté et l'imagination humaines étant sans limites.

À ma modeste échelle, je n'oublie pas cette opération de l'appendicite subie en plein exode, à l'anesthésie insuffisante. Pas plus que je n'oublie la soif extrême connue lors d'une expédition dans le grand ouest de la Chine tout de suite après la guerre. Nous longeons le désert de Gobi, dans un camion militaire mis au service des civils. Survient une tempête de sable, effaçant la piste et

De l'âme

l'horizon, arrêtant net notre progression. La tempête passée, ce que nous craignions arrive : le camion n'avance plus. Notre chauffeur révèle toute son incompétence et sa fourberie. Il a suivi une ancienne route plus courte mais réputée dangereuse, dans le seul but de gagner, à son profit, sur le carburant. Pendant que le chauffeur s'acharne sur le moteur, nous nous dispersons en différentes directions pour inspecter le lieu. Sous un soleil brûlant, une étendue de dunes parsemées de plaques de pierre. Pas un arbre, pas une ombre, aucune présence secourable. Nous rentrons bredouilles tout en nous rendant compte que notre corps a changé d'état. L'air sec, à notre insu, nous a copieusement bus. La sueur qui nous couvrait le corps s'est figée en une couche gluante qui bouche tous nos pores. La soif commence à nous tenailler. À mesure qu'elle nous vrille chair et os, nous renonçons à compter les heures qui passent ; notre corps se ramasse sur un seul désir : boire. Mais il n'y a plus une goutte d'eau. Le jour se retire, le soir tombe. Le couchant à la gueule rouge est un fauve assoiffé de sang qui tarde à regagner sa tanière. Nous voilà d'infimes parcelles d'un univers qui n'est plus que soif. Dans la nuit, par crainte de scorpions, nous restons allongés dans le camion et nous étouffons. Notre gorge en

Cinquième lettre

feu nous bascule dans le délire. Nous nous voyons courir vers le bruit d'une cascade ou nous agenouiller devant une auge dans laquelle la Voie lactée déverse sans compter son lait. Au petit matin, un froid vif nous réveille. Nous sortons du camion pour respirer le précieux air frais, sachant que tout à l'heure la chaleur va nous accabler. Et nous nous installons à nouveau dans la longue attente. Deux d'entre nous, deux gaillards, n'y tenant plus, décident de partir à pied, malgré l'avertissement du chauffeur sur le danger de tomber inanimé et de cuire au soleil. Par aveuglement, je les suis, semant mes pas dans le sable brûlant qui les dévore aussitôt. Au bout d'une heure, vaincus par l'étendue sans borne, nous sommes contraints de faire demi-tour, muets d'épuisement. Pour nous tous, à la soif et la faim s'ajoute la peur : en cette contrée hostile, on peut tomber raide mort comme un morceau de pierre.

C'est seulement au-delà de midi qu'un autre camion, à grand fracas, nous arrache à notre accablante léthargie. Après être resté près de trente heures sans boire dans le désert, quand je sens les premières gouttes d'eau imbiber la paroi de ma gorge, me suffit-il de dire que je me félicite de la satisfaction d'un besoin de mon corps ? Je suis secoué par un brutal ébranlement qui me jette à terre, et je me surprends d'être là à genoux sur le sable. Un indicible sentiment m'emplit l'âme, sentiment de reconnaissance envers ceux qui nous ont secourus certes, combien aussi envers le miracle de la Vie qui semble contenir des promesses que les humains ne peuvent soupçonner. Si la vie humaine doit passer par de terribles épreuves, si la vraie vie est faite si souvent de désirs inaccomplis, comment ne pas s'étonner dans le même temps que fondamentalement la nature n'engendre point de désirs qu'elle ne peut satisfaire ? Dans ce cas, ne faut-il pas chercher à boire l'eau à sa source, là où elle est fraîche et intarissable ? Le jeune homme de seize ans que je suis alors entend le singulier appel qui lui est lancé, celui de toujours joindre son désir le plus haut au Désir initial même, lequel, répétons-le, a présidé à l'avènement de l'univers vivant. Ce Désir de Vie pourra sans doute plus que ce que les humains osent espérer. Mon âme n'oubliera pas. Quelque soixante-dix ans après, ayant traversé tant de deuils, elle a la naïve spontanéité d'écrire encore :

À bout de soif,
Une gorgée d'eau ;
Toute mort est vie :
Désert-oasis.

Cinquième lettre

D'ailleurs, la suite de notre expédition confirmera mon intuition. Après avoir traversé Turfan, situé au-dessous du niveau de la mer, nous pénétrons dans le Qinghai, province du Haut Plateau reliée au lointain Tibet. Le camion nous hisse sans transition sur ce plateau de quatre mille mètres d'altitude, balayé par un vent infatigable. À l'extrême horizon scintille le mont Kun-lun, superbe chaîne de montagnes à la neige éternelle faisant partie du Toit du monde et qui s'élève à huit mille mètres.

Souffle coupé, cœur battant, nous nous trouvons perdus au cœur d'une immensité parsemée de crevasses et de prairies. Nous savons seulement avec émotion que nous sommes non loin de la source du fleuve Jaune qui a nourri et façonné tout un peuple durant plusieurs milliers d'années. La source, cachée dans les replis jamais sondés de hauts glaciers, est à l'époque totalement inaccessible. Nous nous contentons de longer un ruisseau, le fleuve à son commencement, et nous nous abreuvons à l'eau claire et fraîche, de nouveau avec gratitude, tout en imaginant ce cours relativement modeste prendre de l'ampleur, enfiler vallées et plaines, avancer nuit et jour sans une seconde de répit, pour finalement se précipiter dans la mer, sans retour. Naïvement, je me demande : « À se donner ainsi, ne va-t-il pas tarir ? D'où vient que cette source soit inépuisable ? » C'est alors que je contemple là-haut les nuages qui se reflètent dans l'eau, traversés de temps à autre par le vol d'aigles, de cygnes. Mais oui, l'eau en coulant s'évapore, se condense en nuages dans le ciel, retombe en pluie pour réalimenter le fleuve à sa source. Grande circulation terre-ciel. Quelle merveille ! Quel miracle ! Mon jeune cœur résonne à ce qui est affirmé dans le *Livre de la Voie et de sa Vertu* : point d'aller sans retour, point de lâcher sans reprise. La Vie en pure perte ? De tout mon être assoiffé, j'ai répondu non.

À la source du fleuve Jaune, je songeais naturellement à la mer, sans qu'à l'époque je la connusse encore, sans qu'il y eût même espoir que je la connusse un jour. À cause de la guerre, nous nous trouvions au fin fond du vaste continent chinois, personne n'étant sûr du sort qui lui serait réservé. Or, quelque temps auparavant – j'avais alors quinze ans –, dans ma minuscule chambre donnant sur les collines, j'avais lu un poème de Shelley traduit en chinois. Le poète y décrivait comment, un après-midi de l'éternité, depuis les hauteurs des Apennins, au travers des feuillages

Cinquième lettre

bourdonnants, il contemplait au loin la Méditerranée, cette demeure d'anciens dieux mythiques, scintiller de tous ses ors. Je brûlais alors d'un violent désir de communier avec les vagues ardentes, porteuses de rêves infinis. J'étais loin de savoir qu'un jour, par un cheminement combien tortueux, je deviendrais citoyen d'un pays bordé justement par la mer élue entre toutes. Loin de prévoir aussi qu'un jour de l'année de mes quatre-vingts ans on m'attribuerait le Grand Prix de poésie de Lerici, ce haut lieu de la Ligurie italienne où vécut et périt en mer Shelley. Ainsi, malgré tous mes errements et toutes mes perditions, un mystérieux fil invisible m'aura relié à tout. Je crois entendre une voix me souffler la surprenante vérité : le vrai accomplissement de notre désir est contenu dans notre désir lui-même.

Mais... j'ai plus de souvenirs que si j'avais mille ans, moi aussi ! La nuit étant déjà bien avancée, je me vois obligé d'interrompre cet exercice de réminiscence. À force de creuser le sous-sol, les sources cachées rejaillissent de partout. Je voudrais les laisser toutes venir pêle-mêle, sans chercher à les ordonner, ni les restreindre. À un autre jour donc la suite de cette lettre.

Chère amie, j'ai commencé cette lettre en évoquant des scènes d'aube. Je suis sûr que vous êtes, comme moi, de ceux qui prennent le temps, régulièrement, d'assister au lever et au coucher du soleil, et de se laisser éblouir de leur magnificence. Personnellement, si je suis fidèle au rendez-vous du couchant sur la mer, ou sur le fleuve, je ne me lasse pas de l'apparition du grand astre au sommet d'une montagne. La première fois, ce fut sur un vieux mont situé au sud de la Chine. Après une journée de pénible ascension, nous nous approchons de la cime noyée dans les nuages, nous pénétrons dans la solennité de grands conifères multicentenaires dont la senteur résineuse nous enivre, nous fait communier avec l'univers le plus archaïque – sentiment d'originel. Accueillis par des moines dans un temple, nous nous délestons de tout. La nuit est déjà tombée.

Cinquième lettre

Une ablution à même la cascade, un repas frugal, nous nous abandonnons à un sommeil bercé par les clochettes suspendues aux coins de l'auvent. À cinq heures, nous grimpons jusqu'à une terrasse haut perchée, formée opportunément par de gros rochers plats. Les uns debout, d'autres assis, riant, bavardant, nous sommes une trentaine à attendre là, dans le noir épais que traversent de temps à autre des oiseaux de nuit lourds de pressentiments. Plus loin, on devine une rangée de montagnes faisant un rempart qui sépare « ce côté-ci » et « l'au-delà ». Brusque silence quand un trait de lueur trace l'horizon – coup de gong nous frappant au cœur, coup d'épée déchirant les ténèbres. La lumière fait signe, la vie s'annonce, plus rien ne peut l'en empêcher. Pathétique mais sûr, centimètre par centimètre, le disque lumineux émerge des ombres. Happés par le sacré, les yeux inondés de larmes, nous nous taisons, jusqu'à ce que l'astre s'offre de toute sa rondeur, indéniable, aussi impérieux qu'irrésistible. C'est alors que nous explosons en applaudissements, en hourras comme pour faire chorus avec les nuages qui s'embrasent, resplendissent de tous les coloris dont l'univers est capable.

Devant tant de splendeur, un sentiment d'accablement peut nous saisir. Qui sommes-nous ?

De l'âme

Que faisons-nous là ? Grains de poussière, n'avons-nous pas plutôt l'air penauds, un peu ridicules ? On pourrait effectivement céder à un petit ricanement cynique. Une autre voix, cependant, se fait entendre : « Grains de poussière, oui. Mais tu es celui qui a vu. Avoir vu n'est pas une mince affaire. Personne ne peut plus faire que tu n'aies pas vu. Le fait d'avoir vu est ineffaçable. On a beau te répéter que l'univers existe depuis des milliards d'années, toi tu es là pour la première fois. Tu vois le ciel se lever et éclairer le monde comme si tu assistais à son avènement. L'univers advient à mesure que tu adviens. Cet instant de rencontre donne sens à toi comme à l'univers – instant rejoignant l'éternité, instant d'éternité. »

Bien plus tard, en Normandie, entre Lisieux et Pont-l'Évêque, dans la vallée d'Auge, je marche seul.

Midi silence
Me foudroyant,
Au cœur des champs,

Un cri,

Cinquième lettre

*Chu de l'azur,
De ton haut vol
Qui loue et fête,*

Alouette !

Et puis, il y a ce rayon de lumière d'un après-midi qui pénètre dans un sombre logis. Tout en soulignant, par contraste, la détresse humaine, il apparaît néanmoins comme un ange venu de très loin, puisqu'il a été capté par une âme solitaire au sein de l'éternité.

Comment ne pas me rappeler encore les moments de dénuement et de privations ? Et le brusque effondrement dans une rue de Paris. D'après les témoignages des gens qui ont appelé les pompiers tout près, je me suis abattu d'un coup sur place, me blessant à la tête. J'étais étendu là, le front dans la poussière du trottoir, saignant. Comme j'avais perdu connaissance, les pompiers ne m'ont pas tout de suite déplacé. Pendant tout ce temps où j'étais dans le « coma », où, immobile, je n'entendais rien qui venait de l'extérieur, j'étais pourtant tout à fait « éveillé » intérieurement. Je me souviens de tous les détails d'un environnement dans lequel évolue mon « moi » en plein dialogue avec soi. Je flotte ou plane au sein d'un espace à la fois ouvert et intime. Nulle couleur distincte sinon un gris velouté d'une extrême douceur, sourdement lumineux et silencieusement enveloppant.

Je me laisse porter et je m'enivre de cet état délesté de toute entrave, non sans qu'au bout d'un moment une voix s'élève en moi : « Où es-tu ? Où es-tu ? » Il s'ensuit une suite de questions : « Es-tu avant ta naissance ? Ou alors tu es après ta mort ? Avant la naissance, après la mort, quelle différence ? Tu as vécu une vie, ou tu vas vivre une vie, va savoir ! » Et puis, fin du questionnement. Il ne me reste plus qu'une affirmation et ses échos, lesquels finissent par faire place au silence : « Tu es là, tu es bien ; tu es là, tu es bien ; tu es là, tu es bien... » Je flotte ou plane encore sans penser plus à rien, jusqu'à ce qu'une voix extérieure me parvienne à l'oreille : « Vous m'entendez, vous m'entendez ? » Du fond de mes limbes, je réponds : « Un peu, je vous entends un peu... Où sommes-nous ? » Le pompier indique le nom de la rue. « Oui, je connais ce nom, je me souviens de cette rue. J'y étais autrefois... Quand donc ? C'est loin tout ça, c'est loin... »

Là-dessus, les yeux toujours hermétiquement clos, je sens qu'on me transporte dans un véhicule et que celui-ci roule dans un hurlement de

Cinquième lettre

sirène. Lorsque de loin je reviens enfin au présent terrestre, je me trouve dans la grande salle d'urgence d'un hôpital, au milieu de bien d'autres éclopés de la vie.

Longue journée d'attente ponctuée d'examens du sang, du cœur et du cerveau. À la fin de la journée, on me sert un repas, après quoi le médecin fait devant moi le bilan. Il parle d'hypotension, d'arrêt du cœur et d'un examen plus approfondi à faire dans un autre centre équipé d'appareils IRM. « En attendant, vous pouvez rentrer chez vous. Quelqu'un peut-il venir vous chercher ? – Non, personne. – Ça va. Vous pouvez marcher tout seul. Il suffit de faire attention. Vous savez, monsieur, ce qui sépare la vie et la non-vie est aussi mince que du papier à cigarette. Mais la séparation existe. Vous êtes de ce côté de la vie, bonne chance ! »

Dehors, la nuit est tombée. Tous lampadaires allumés, les rues grouillent de véhicules impatients et de piétons pressés. Une ambiance d'anonymat et d'indifférence accable les solitaires : seul le pansement à mon front accroche quelques regards. J'avance machinalement dans la rue. J'aboutis à un petit square où un banc m'accueille. Le bruit de la ville s'estompe. Tout se calme. Je suis là seul, mais je suis de ce côté de la vie. Au troisième ou

De l'âme

quatrième étage d'un immeuble en face, une fenêtre s'ouvre. Une musique douce se fait entendre. Puis une chanson nostalgique, entendue jadis, chantée par une voix de femme. Ce genre de musique, d'ordinaire, ne fait qu'effleurer mon oreille. Là, elle me poigne corps et âme, faisant venir, comme malgré moi, des larmes aux yeux. Je me vois comme cet être qui, après avoir traversé d'innombrables étoiles muettes, échoue sur la plage de la planète Terre. Celle-ci, réputée être un abîme de souffrance, me paraît soudain d'une tendresse infinie, foncièrement maternelle et maternante. Puisque de sa vallée des larmes monte un chant qui rappelle que chaque âme qui l'habite porte en elle une berceuse depuis sa naissance. Cette berceuse, qui résonne avec le chant originel, ne cesse de chanter en elle, même si tant et tant de fois elle est étouffée, égorgée par le vacarme de la violence qui se déchaîne. Jusqu'au bout, lorsque ne subsistera même plus une herbe, l'humanité fredonnera sa berceuse qui perpétuera sa mémoire.

Je pense aux ultimes chants de nos grands chantres, à leur âme mise à nu. Plus aucun souci de séduire, de convaincre. Rien que confidences

Cinquième lettre

sans fard. Le chant d'*Orfeo* de Monteverdi, la *Passion selon saint Matthieu* et les cantates de Bach, le *Requiem* de Mozart, les quatuors de Beethoven, *Winterreise* et les sonates de Schubert, telles pièces de Couperin, de Brahms, de Dvorak, de Chopin, les *Quatre Derniers Lieder* de Richard Strauss, *Le Chant de la Terre* de Mahler, le *Requiem* de Fauré, les *Dialogues des carmélites* de Poulenc, les louanges de *Saint François d'Assise* de Messiaen... Ce sont là les essences de l'Être résumées en chants épurés par l'âme humaine.

Coïncidence, je lis un beau livre de Christiane Rancé qui vient tout juste de paraître, *En pleine lumière*, et je tombe sur ce passage : « Comment mon âme quittera-t-elle mon corps, et ce qui pourrait faire qu'elle y consente sans trop regimber ?... La question m'a préoccupée longtemps, jusqu'au jour où j'ai écouté la *Mélodie hongroise en si mineur* de Franz Schubert, mon compositeur préféré avec tous les autres, interprétée par David Fray. J'avais enfin trouvé mon viatique, le rythme du décollement de l'âme et du corps. Quelque trois minutes de piano qui gonflent l'âme comme un aérostat, sans pathos, ni grandes eaux, ni grande pompe... C'est bien cette mélodie que je demande que les anges musiciens jouent pour m'accompagner dans mon ultime silence. »

De l'âme

Berlioz, lui, écrit dans ses *Mémoires* : « Si son cœur a frissonné au contact de la poétique mélodie, s'il a senti cette ardeur intime qui annonce l'incandescence de l'âme, le but est atteint, le ciel de l'art lui est ouvert, qu'importe la terre ! » Ici, Berlioz parle en artiste créateur. Son propos nous rappelle que la création artistique en général obéit au même processus. Les œuvres d'art sont les figures parlantes de l'univers sensible intériorisées par une âme humaine et recréées par elle au moyen de l'esprit. Écoutons Kandinsky : « L'artiste est la main qui, par l'usage convenable de telle ou telle touche, met l'âme humaine en vibration […] Cézanne savait faire d'une tasse de thé une création douée d'une âme, ou plus exactement reconnaître dans cette tasse un être » (*Du spirituel dans l'art et dans la peinture en particulier*). Tous les êtres ne sont pas forcément artistes, mais toute âme a un chant. Elle est à même de répondre à d'autres chants qui lui parlent. À toutes les époques, dans toutes les cultures, chaque âme a une musique qu'elle aimerait entendre au moment de quitter le berceau terrestre. L'âme n'aura de cesse de résonner avec un chant plus vaste que soi.

Cinquième lettre

Je n'ai garde d'oublier que si la joie appelle le partage, la souffrance également. Devant l'énigme ou le scandale de la souffrance, celui qui souffre espère aide et compréhension. Se révèle à lui une vérité fondamentale : le fait que chaque être est unique ne l'isole nullement dans un écrin exceptionnel. Un être ne saurait être unique si les autres ne le sont pas. L'être en question ne serait alors qu'un échantillon bizarre. L'unicité de chacun implique qu'elle est un fait universel. Force nous est de constater ce paradoxe : l'unicité a à voir avec l'universalité. Un paradoxe qui n'en est pas un, au contraire, il est dans la logique des choses, car plus on est unique soi-même, plus on doit avoir le sens de l'autre en tant qu'unicité, et plus on est capable d'accorder à l'autre respect et valeur. C'est même là la base à partir de laquelle naît la possibilité de l'amour. Celui qui se sachant unique s'enfermerait dans l'égoïste orgueil ne serait qu'un monstre contre-nature. La souffrance seule peut éventuellement l'arracher à sa vanité illusoire. Sur le plan moral, la souffrance peut nous dispenser une autre leçon. Au cours d'une vie, il y a des blessures qu'on peut recevoir, tout comme il y a des blessures qu'on peut, volontairement ou non, infliger aux autres. Voire de graves fautes commises

De l'âme

à leur égard. Blessures ou fautes parfois aux conséquences terribles, irréparables, qui nous plongent dans le remords et le besoin de demander pardon. En général, c'est trop tard ou hors du pouvoir humain. Là encore, on se trouve en présence d'un paradoxe : celui qui a ainsi l'âme ravagée, tentée par le rachat, est à même de pénétrer dans le royaume à dimension universelle, celui de la pitié sans limite où communient les âmes de toutes les victimes innocentes disparues dans l'effroi du délaissement total.

Je ne risque pas d'évacuer de ma mémoire ceux qui ont quitté ce monde, les êtres connus de moi qui m'étaient devenus chers, les êtres inconnus de moi dont j'ai appris l'existence. Tous ont pour trait commun l'ardent amour de la vie. Après avoir vécu dans l'élan, ils ont quitté ce monde, les uns dans le consentement apaisé ou dans un sourire déchirant adressé aux leurs, les autres dans d'affreux délaissements ou d'atroces souffrances. Tous, en partant, provoquent chez les vivants du chagrin et un irrépressible besoin de communion. Il arrive ce fait étrange : si la mort creuse un immense champ de désolation, elle ouvre en même temps une immense aire de communion,

Cinquième lettre

aussi réelle que le ciel étoilé. Communion d'âmes aimantes et aimantantes, communion des saints. Oui, communion des saints, cette formule juste contient sans doute la mystérieuse clé de la Vie, puisque au sein de cette communion sans limite et sans fin, la mort s'est dissoute, abolie.

Cette lettre déjà longue pourrait se terminer ici. Permettez-moi, chère amie, de vous faire encore partager ce que j'ai sous les yeux.

À Paris, ma fenêtre donne sur un jardinet adossé au parc voisin dont la frondaison est majestueuse. Ce jardinet a pour âme un tilleul. Grâce à la pluie abondante au printemps, l'arbre atteint, quand vient l'été, une forme de plénitude inouïe. Les amis qui passent chez moi, invariablement, poussent un « Oh ! » d'émerveillement, et surtout d'étonnement. Comment cela est-il possible ? Comment se fait-il que la terre, qui venait du *Chaos*, ait généré un arbre comme celui-là, en son ovale parfait composé d'innombrables branches, rameaux, feuilles et fleurs dont le foisonnement et le frissonnement, loin de se répandre en désordre, obéissent à un constant souci d'entente et d'harmonie, faisant de lui une figure emblématique de beauté ? Comment ce

De l'âme

tronc droit, apparemment modeste, a-t-il pu porter, calme et confiant, cette magnifique corolle de feuillage, pleine de noblesse, d'une gloire presque trop écrasante pour lui ? Il a fallu qu'à partir de lui, chaque branche croisse et respire selon sa poussée interne, tout en ayant souci d'orienter sa courbe vers un centre, dont la force centripète assure à chaque instant à l'ensemble des branches une juste répartition d'air, de lumière et de sève. Une présence organique, faite de frémissante interaction, s'affirme là. Pour peu que passe une brise, la voilà qui entre dans sa rythmique, opérant une sûre brisure dans l'espace, un Ouvert où le fini et l'infini sont en perpétuelles épousailles. Une volonté la soutient, cette présence, une intention l'habite. Fontaine au jaillissement continu, elle n'est plus que donation et accueil. Elle distribue sans réserve ombres parfumées et éclats nourriciers à ceux que ses ondes attirent, oiseaux migrateurs, errants humains.

Le lien entre l'arbre et les oiseaux semble naturel. Mais l'alliance de l'arbre avec les hommes est-elle assez prise en compte par nous ? Sommes-nous conscients que nous ne pouvons trouver dans la nature compagnon plus fiable et plus durable ? Cet être *debout* comme nous, qui depuis les profondeurs du sol tend résolument

Cinquième lettre

vers le haut, nous rappelle que notre être tient tout autant de la terre que du ciel. Prenant appui sur sa base de lave, d'humus ou de limon, il s'épanouit en un véritable entonnoir pour boire la pluie tombée du ciel et, venu de plus haut encore, pour boire le souffle lumineux dont tout l'univers est animé. Il arrive qu'au cœur du désert, ou à l'horizon d'une plaine, se dresse un arbre seul. Cela suffit aux nomades que nous sommes pour que nous ne nous sentions plus seuls, pour que la création ne nous semble plus vaine. À nouveau nous assaillent des questions apparemment sans réponse mais qui, posées, pourraient être autant de réponses. Pourquoi cette terre, considérée par beaucoup comme aveugle, inconsciente et sans direction aucune, a-t-elle abouti à une chose aussi parfaite qu'un arbre ? Plus généralement, pourquoi l'anonyme immensité a-t-elle engendré chaque être, aussi minime soit-il, en son irréductible unicité ? Pourquoi sommes-nous là, jouissant du privilège de voir ces choses et de nous en émouvoir, tout en sachant que nous ne venons pas de nous-mêmes ? Pourquoi tant et tant de présences palpitant de vouloir-vivre ? Pourquoi tant et tant de signes vibrant d'appels et de sens ? Dans la vallée qui a sombré dans le silence, un oiseau chante, et voilà que nous sommes envahis d'une indicible nostalgie. Sur le haut mont dénudé par le vent, une fleur sauvage nous salue, et voilà que nous tombons à genoux de reconnaissance. Ici, notre âme nous invite à consentir au mystère. Nous qui voyons de l'univers la part visible et qui en faisons partie, *sommes-nous vus?* Si le voir n'était pas précisément à l'origine, serions-nous capables de voir?

Oui, nous devons être assez humbles pour reconnaître que tout, le visible et l'invisible, est vu et su par Quelqu'un qui n'est pas en face, mais à la source. Seul celui qui jouit du voir total jouit du vrai savoir et du vrai pouvoir. C'est grâce à cela que l'univers vivant est en devenir, et que nous le sommes aussi. Un chant surgi de ma mémoire me vient aux lèvres, je vous le dédie :

Un iris
Et tout le créé justifié.
Un regard
Et justifiée toute la vie.

Votre dévoué
F.C.

Sixième lettre

Chère amie,

Méditant avec vous sur l'âme, il me paraît impossible de ne pas vous parler de Simone Weil, cette figure d'absolu qui a traversé en l'éclairant le sombre XXe siècle. Vie complexe, intense, qui a embrassé, en une brève existence, les multiples aspects de la réalité humaine. Pourtant, si je dois tenter de résumer son destin, j'oserais la formule suivante : un cheminement vers l'âme. C'est dire que sa vie a été une incessante quête de l'essentiel.

Une autre raison me pousse à vous parler d'elle : notre réflexion sur l'âme s'est jusqu'ici centrée sur le destin individuel. Il en allait de même chez elle, mais à la fin de sa vie, les circonstances de la guerre l'ont amenée à élargir sa vision de l'âme à la dimension de la collectivité.

De l'âme

Le résultat de sa méditation menée dans l'urgence, et consigné dans un ouvrage, est en tout point un apport exceptionnel. Il donne à imaginer ce que pourrait, ce que devrait être une société où l'homme n'aurait pas oublié qu'il a une âme. Et sa force de conviction, sa clarté d'exposition sont telles que cette perspective a été reconnue comme essentielle par des personnes venues d'horizons non religieux, comme Camus, Bataille, Cioran et bien d'autres.

Un cheminement vers l'âme, donc. Mais à partir de l'affirmation de l'esprit. En effet, l'expression qui peut le mieux qualifier ses années de formation, lesquelles se situent entre la fin des années vingt et la première moitié des années trente – enseignement d'Alain suivi à Henri-IV, passage à l'École normale supérieure aboutissant à l'agrégation de philosophie –, est sans doute la primauté accordée à l'esprit. Par esprit, elle entend cette capacité dont l'être humain est doué qui lui permet de comprendre et de rationaliser sa vie. Au service de cette capacité, elle a mobilisé toute sa faculté intellectuelle. En fervente platonicienne, elle était convaincue du pouvoir des idées. Aussi a-t-elle mené sans

Sixième lettre

relâche un travail d'esprit visant à dégager quelques idées maîtresses qui lui serviraient de ligne de conduite. Ses engagements successifs – travail à l'usine, pratique du syndicalisme, participation à la guerre d'Espagne – étaient une fidèle traduction de celle-ci.

Pareil à tant de mes contemporains, j'ai lu tôt ses différents écrits, de façon assez disparate, mais chaque fois happé par l'acuité de son regard et ses fulgurantes intuitions. Déjà, je n'ai pas manqué de noter l'importance de la notion d'âme dans ses écrits tardifs. Cette importance m'est apparue de façon éclatante lorsque, dernièrement, pour les besoins d'une intervention qu'on m'avait demandée, je me suis appliqué à relire l'ensemble de ces textes. Il s'agit de ceux rédigés par elle durant son passage à Marseille, en 1940 et 1941, et de ceux de son séjour, ultime celui-là, à Londres, en 1942 et 1943. Vous connaissez les circonstances extérieures. En 1940, frappée par la loi inique édictée par Vichy interdisant aux enseignants d'origine juive d'exercer, elle se rend en juin avec sa famille dans le Midi et s'installe en octobre à Marseille. Elle fait la rencontre du père Perrin, prêtre dominicain avec qui elle noue un dialogue passionnant et exigeant. Il en résulte un échange épistolaire qui sera publié plus tard sous le titre *Attente de Dieu*. À la même époque, ayant exprimé son désir de travailler dans une ferme vinicole, elle est présentée à Gustave Thibon. Avec ce paysan-penseur s'établit un autre dialogue, tout aussi passionnant et exigeant. Finalement, à Marseille où elle attend avec sa famille un visa pour se rendre aux États-Unis, elle consigne dans plusieurs cahiers, au jour le jour, ses pensées. Avant de quitter la France, elle confiera ses écrits à Gustave Thibon, lequel, après la guerre, en choisira des passages et les publiera en un volume intitulé *La Pesanteur et la Grâce*, qui connaîtra un immense retentissement. Quant à Simone Weil, une fois à New York, ne tenant pas en place, elle tente par tous les moyens de rejoindre la France libre à Londres. Elle y parvient fin 1942. Après un temps de tergiversation, André Philip l'intègre dans un groupe de travail qui a pour mission de préparer une nouvelle Déclaration des droits de l'homme, en vue de la reconstruction de la France, et du monde, quand la guerre sera terminée par la victoire des Alliés. Notre philosophe prend conscience tout d'un coup que l'occasion lui est donnée d'accomplir une œuvre de pensée importante où elle mettrait à l'épreuve sa capacité de réfléchir sur le problème de l'individu et de la société. Elle se met à

Sixième lettre

part dans sa chambre, dormant et se nourrissant peu. De début janvier au 15 avril, durant trois mois et demi, elle mène un travail de rédaction acharné. Ce 15 avril, elle s'effondre sur le sol de sa chambre, laissant sur sa table plusieurs centaines de feuilles remplies. Transportée à l'hôpital, puis dans un sanatorium, elle mourra quatre mois plus tard, à l'âge de trente-quatre ans. Son manuscrit arrivera chez Gallimard en 1948. Il impressionne si fort Camus que celui-ci le publie aussitôt dans sa collection « Espoir », sous le titre *L'Enracinement* qui remplace celui prévu par l'auteur même : *Prélude à une déclaration des devoirs envers l'être humain.*

Afin de connaître ce qu'a dit Simone Weil sur l'âme, j'ai donc entrepris la relecture de ses derniers écrits qui constituent le sommet de sa pensée. Dans *Attente de Dieu* et *La Pesanteur et la Grâce*, avec surprise, pour ne pas dire stupéfaction, je constate que le mot « esprit » fait pâle figure, alors que le mot « âme » affleure tout au long des pages. Un rapide comptage des occurrences de chacun des deux mots donne le résultat suivant : dans *Attente de Dieu*, cinq fois le mot « esprit » et plus de cent fois le mot « âme » ;

De l'âme

dans *La Pesanteur et la Grâce*, sept fois le mot « esprit » et plus de soixante fois le mot « âme ». Si l'on se réfère au corpus plus large que sont les *Cahiers de Marseille*, la disproportion entre les deux mots est bien plus accentuée. Il n'est pas exagéré de dire qu'à cette dernière étape de sa vie, le problème de l'âme se révèle être sa préoccupation centrale.

Quant à *L'Enracinement*, beaucoup de lecteurs, qui ont abordé Simone Weil par *La Pesanteur et la Grâce,* et ont éventuellement poursuivi avec *Attente de Dieu*, ne se sont pas penchés sur ce troisième ouvrage, croyant qu'elle ne parlait plus là de sa quête spirituelle mais de questions sociales. Or ce livre qui est le point d'orgue de son œuvre (laquelle, je vous le rappelle, n'a jamais été publiée de son vivant, excepté des articles) est fondamental pour comprendre sa démarche. Ses convictions sur l'âme s'y affirment avec éclat, et c'est pourquoi je tiens à vous inviter avec ferveur à cette lecture.

Sans détour, elle commence par énumérer une suite de qualités et de vertus, définies comme « les besoins de l'Âme », dont elle développera longuement le contenu en s'appuyant sur ses connaissances et expériences. Elle les situe d'emblée par rapport à un ordre surnaturel qui n'est nullement un sacré abstrait mais éminemment incarné. Elle est persuadée, comme Pascal, que « l'homme passe l'homme », que son destin fait partie d'un advenir qui le dépasse, qu'il ne saurait être « la mesure de toutes choses », encore moins le critère de valeur de lui-même. En tant que platonicienne qui par la suite a embrassé la voie christique, elle identifie l'ordre surnaturel au Bien absolu et à l'Amour absolu. Dans cet ordre surnaturel où prime le principe de donation, les besoins de l'âme de l'être humain se présentent comme des *obligations* envers la Vie, avant d'être des *droits* pour soi-même. Selon l'expression même de la philosophe : « La notion d'obligation prime celle de droit, qui lui est subordonnée et relative. » D'où, dans le titre initial de son texte, le mot « devoir » qui remplace le mot « droit », lequel pourtant devra être le mot clé dans une éventuelle nouvelle Déclaration des droits de l'homme. Pour justifier la nécessité de relier l'ordre naturel à l'ordre surnaturel, dans « La personne et le sacré », un texte écrit à la même époque, Simone Weil, s'inspirant du *Timée* de Platon, use de l'image de l'arbre à double racine : « Seule la lumière qui tombe continuelle-

De l'âme

ment du ciel fournit à un arbre l'énergie qui enfouit profondément dans la terre ses puissantes racines. L'arbre est en réalité enraciné dans le ciel. » Ici se trouve posé justement le problème du déracinement et du ré-enracinement. Que l'homme moderne soit un être déraciné est une évidence pour elle. Déjà, l'industrialisation à outrance a entraîné l'exode rural et la misère des ouvriers travaillant en usine. Puis elle pointe bien d'autres formes de déracinement : découlant de la colonisation à grande échelle, de la guerre de destruction massive et du totalitarisme, de la migration des peuples, de la déportation et des camps de concentration. Par-delà ces phénomènes collectifs, la philosophe perçoit, bien entendu, un drame qui sape l'humanité dans son fondement. Car malgré les faits tragiques de son époque règne dans la sphère de la pensée une idéologie qui exalte la « modernité », l'érigeant en une valeur en soi.

L'homme moderne est cet être revenu de tout, fier de ne croire à rien d'autre qu'à son propre pouvoir. Une confuse volonté de puissance le pousse à obéir à ses seuls désirs, à dominer la nature à sa guise, à ne reconnaître aucune référence qui déborderait sa vision unidimensionnelle et close. Il s'attribue des valeurs définies

Sixième lettre

par lui-même. Au fond de lui, ayant coupé tous les liens qui le relient à une mémoire et à une transcendance, il est terriblement angoissé, parce que terriblement seul au sein de l'univers vivant. Il se complaît dans une espèce de relativisme qui dégénère souvent en cynisme ou en nihilisme.

Pour arracher l'être humain au sort du déracinement, Simone Weil ne propose nullement un quelconque « retour au terroir ». Il n'y a pour elle de ré-enracinement valable que dans la racine même de l'être, dans ce par quoi l'univers vivant est advenu, dans un ordre surnaturel bien saisi qui assure au destin humain un devenir juste et ouvert. La vraie liberté est fondée sur l'obéissance aux lois de la Voie, garante de l'accession à la vraie vie. C'est dans cette perspective que la philosophe accorde une prééminence à l'âme. Pour elle, l'âme peut connaître les multiples formes de déviation et de perversion, mais dans ce qu'elle appelle la « partie fixe » de l'âme – qui rappelle le « fond de l'âme » de Maître Eckhart – réside la promesse du divin. À côté de l'âme, l'esprit, en tant qu'instrument de connaissance, est d'une importance capitale ; il est cependant au service de l'âme qui est le terreau natif et irréductible de chaque être.

De l'âme

Avant d'aller plus loin, je voudrais soumettre à votre lecture les quelques lignes initialement prévues pour être le préambule de *L'Enracinement* – dans lesquelles elle s'était employée à préciser l'essentiel de son ultime réflexion à Londres, dans les circonstances dramatiques d'alors.

« Il y a hors de cet univers, au-delà de ce que les facultés humaines peuvent saisir, une réalité à laquelle correspond dans le cœur humain l'exigence de bien total qui se trouve en tout homme. De cette réalité découle tout ce qui est bien ici-bas. C'est d'elle que procède toute obligation.

Sur elle est fondée l'obligation qui engage chaque homme envers tous les êtres humains sans aucune exception.

Cette obligation est celle de satisfaire aux besoins terrestres de l'âme et du corps de chaque être humain autant qu'il est possible [...].

Les besoins d'un être humain sont sacrés. Leur satisfaction ne peut être subordonnée ni à la Raison d'État, ni à aucune considération soit d'argent, soit de nationalité, soit de racine, soit de couleur, ni à la valeur morale ou autre attribuée à la personne considérée, ni à aucune condition quelle qu'elle soit.

Sixième lettre

La seule limite légitime à la satisfaction des besoins d'un être humain déterminé est celle qu'assignent la nécessité et les besoins des autres êtres humains [...].

Il s'agit seulement de besoins terrestres, car l'homme ne peut satisfaire que ceux-là. Il s'agit des besoins de l'âme autant que ceux du corps. L'âme a des besoins, et, quand ils ne sont pas satisfaits, elle est dans un état analogue à l'état d'un corps affamé ou mutilé.

Le corps humain a surtout besoin de nourriture, de chaleur, de sommeil, d'hygiène, de repos, d'exercice, d'air pur.

Les besoins de l'âme peuvent pour la plupart être rangés en couple d'opposés qui s'équilibrent et se complètent.

L'âme humaine a besoin d'égalité et de hiérarchie [...].

L'âme humaine a besoin d'obéissance consentie et de liberté [...].

L'âme humaine a besoin de vérité et de liberté d'expression [...].

L'âme humaine a besoin d'une part de solitude et d'intimité, d'autre part de vie sociale.

L'âme humaine a besoin de propriété personnelle et collective [...].

De l'âme

L'âme humaine a besoin de châtiment et d'honneur.

Tout être humain qu'un crime a mis hors du bien a besoin d'être réintégré dans le bien au moyen de la douleur. La douleur doit être infligée en vue d'amener l'âme à reconnaître un jour librement qu'elle a été infligée avec justice. Cette réintégration dans le bien est le châtiment. Tout être humain innocent, ou qui a fini d'expier, a besoin que son honorabilité soit reconnue comme étant égale à celle de tout autre.

L'âme humaine a besoin de participation disciplinée à une tâche commune d'utilité publique, et elle a besoin d'initiative personnelle dans cette participation.

L'âme a besoin de sécurité et de risque […].

L'âme humaine a besoin par-dessus tout d'être enracinée dans plusieurs milieux naturels et de communiquer avec l'univers à travers eux.

La patrie, les milieux définis par la langue, par la culture, par un passé historique commun, la profession, la localité sont des exemples de milieux naturels.

Est criminel tout ce qui a pour effet de déraciner un être humain ou d'empêcher qu'il ne prenne racine.

Le critère permettant de reconnaître que

Sixième lettre

quelque part les besoins des êtres humains sont satisfaits, c'est un épanouissement de fraternité, de joie, de beauté, de bonheur. Là où il y a repliement sur soi, tristesse, laideur, il y a des privations à guérir. »

C'est ainsi que chaque chapitre de la première partie de *L'Enracinement* décline cette grande intuition, en commençant par cette formule déclarative et fondatrice : « L'égalité est un besoin vital de l'âme humaine », « La hiérarchie est un besoin vital de l'âme humaine », « L'honneur est un besoin vital de l'âme humaine », etc.

Mais je veux vous en dire plus sur son parcours, qui l'a amenée à donner au monde ce grand texte. Revenons un peu en arrière, remontons dans le temps : nous sommes à la charnière des années 1937-1938. Celles-ci marquent un tournant décisif dans la vie de Simone Weil. Une suite de rencontres inattendues… et comme attendues produisent en elle un bouleversement tel que tout son être en est ébranlé. Dans une lettre adressée au père Perrin, contenue dans *Attente de Dieu*, elle les évoque elle-même. Écoutez-la : « Après mon année d'usine, avant de reprendre

De l'âme

l'enseignement, mes parents m'avaient emmenée au Portugal, et là je les ai quittés pour aller seule dans un petit village. J'avais l'âme et le corps en quelque sorte en morceaux. C'était le soir, sous la pleine lune, le jour même de la fête patronale. Au bord de la mer, les femmes des pêcheurs faisaient le tour des barques, en procession, portant des cierges, et chantaient des cantiques très anciens, d'une tristesse déchirante... Là, j'ai eu soudain la certitude que le christianisme est par excellence la religion des esclaves, que des esclaves ne peuvent pas ne pas y adhérer, et moi parmi les autres. En 1937, j'ai passé à Assise deux jours merveilleux. Là, étant seule dans la petite chapelle romane du XIIe siècle de Santa Maria degli Angeli, incomparable merveille de pureté, où saint François a prié souvent, quelque chose de plus fort que moi m'a obligée, pour la première fois de ma vie, à me mettre à genoux. En 1938, j'ai passé dix jours à Solesmes, du dimanche des Rameaux au mardi de Pâques, en suivant tous les offices. J'avais des maux de tête intenses ; chaque son me faisait mal comme un coup ; et un extrême effort d'attention me permettait de sortir hors de cette misérable chair, de la laisser souffrir seule, tassée dans son coin, et de trouver une joie pure et parfaite dans la beauté inouïe du chant et des paroles.

Sixième lettre

Cette expérience m'a permis par analogie de mieux comprendre la possibilité d'aimer l'amour divin à travers le malheur. Il va de soi qu'au cours de ces offices la pensée de la Passion du Christ est entrée en moi une fois pour toutes... Il y avait là un jeune Anglais qui m'a fait connaître l'existence de ces poètes anglais du XVIIe siècle qu'on nomme métaphysiques. Plus tard, en les lisant, j'y ai découvert le poème intitulé "Amour"... Je me suis exercée à le réciter en y appliquant toute mon attention et en adhérant de toute mon âme à la tendresse qu'il enferme... C'est au cours d'une de ces récitations que le Christ lui-même est descendu et m'a prise. »

Tout ce passage est capital. Il relate le brusque retournement d'un esprit athée qui reconnaît le Divin. À le lire aujourd'hui, on croit entendre véritablement le chant d'une âme à travers sa rencontre avec le Christ. Ce qui lui est révélé sur le plan de la pensée, c'est que la vérité de la vie ne réside pas dans les idées abstraites mais dans l'incarnation, que le suprême état de chaque être ne relève pas de son esprit raisonneur mais de son âme, seule capable en réalité de répondre à l'appel de l'Être, de l'embrasser dans une relation de passion et de communion.

De l'âme

Simone Weil n'a pas pris la peine de préciser ce qu'est l'âme. Pour elle, l'âme est la patrie originaire, donc naturelle, de chaque être, si naturelle qu'elle se passe de définition. Toutefois, elle en parle assez abondamment pour que l'on ait une idée des divers aspects qu'elle décèle dans l'âme. Pour cela, comme je vous l'ai dit plus haut, je me suis appliqué à lire, outre *Attente de Dieu*, les volumineux *Cahiers de Marseille* qui contiennent de nombreux passages intéressants ne figurant pas dans *La Pesanteur et la Grâce*. À propos de ces cahiers, d'ailleurs, comment ne pas penser à d'autres, fameux, ceux que nous a laissés Paul Valéry ? Ces deux ensembles d'écrits se présentent à nous aujourd'hui comme deux étonnantes contributions du XXe siècle. Celui de Valéry, rempli de réflexions consignées avec patience au jour le jour, se propose d'étudier le fonctionnement de l'esprit, ses visées, ses possibles ; celui de Simone Weil, dont les pages étaient noircies dans la fébrilité, avec le pressentiment d'une mort imminente, se centre sur le mouvement de l'âme, ses ardentes aspirations, son ultime consomption.

Pour ce qui est de la différence entre esprit et âme, elle indique bien que c'est l'âme, plus que

Sixième lettre

l'esprit, qui fait la valeur intrinsèque d'un être. Elle écrit : « Là où l'esprit cesse d'être principe, il cesse aussi d'être fin. D'où la connexion rigoureuse entre la "pensée" collective sous toutes ses formes et la perte du sens, du respect des âmes. L'âme, c'est l'être humain comme ayant une valeur en soi. » La philosophe fait la distinction entre l'intelligence qui régit l'esprit et l'amour dont procède l'âme. Pour elle, « la foi, c'est l'expérience que l'intelligence est éclairée par l'amour. L'organe en nous par lequel nous voyons la vérité est l'intelligence ; l'organe par lequel nous voyons Dieu est amour ». Plus explicitement, elle dit : « L'intelligence a besoin d'une liberté complète, y compris celle de nier Dieu, et par suite la religion a rapport à l'amour et non pas à l'affirmation ou à la négation... L'amour surnaturel, quoiqu'il n'ait pas pour fonction d'affirmer, constitue une appréhension de la réalité plus pleine que l'intelligence [...] Quand on écoute du Bach ou une mélodie grégorienne, toutes les facultés de l'âme se taisent et se tendent pour appréhender cette chose parfaitement belle, chacune à sa façon. L'intelligence entre autres ; elle n'y trouve plus rien à affirmer ni à nier. Elle s'en nourrit. La foi ne doit-elle pas être une adhésion de cette espèce ? »

De l'âme

À l'intérieur de l'âme, la philosophe reconnaît différentes parties qui la composent. C'est ainsi qu'elle distingue « la région basse ou superficielle de l'âme », « la partie médiocre de l'âme », « la partie temporelle de l'âme » ou « la partie surnaturelle de l'âme ». Cette dernière donne la possibilité à l'être humain de se situer dès ici-bas « dans l'autre monde ».

Il y a une notion primordiale dans la vision globale de Simone Weil, celle de la beauté. Beauté des lois physiques telle que la démontre la mathématique. Beauté de la nature révélée par la création artistique sous toutes ses formes. Beauté de l'âme, traduite en beauté du geste, le suprême étant le geste christique, parce qu'indépassable, plantant la croix au cœur de l'humanité.

Dans l'expérience que fait l'âme humaine pour se rapprocher de Dieu, la joie et la souffrance sont également présentes. Il convient d'assumer pleinement les deux, car toutes deux sont des chemins qui mènent à la vérité. En raison de la douleur physique dont elle souffrait, de la compassion qu'elle portait aux autres et de la catastrophe d'origine humaine qui enténébrait alors le monde entier, Simone Weil a beaucoup

Sixième lettre

réfléchi sur le problème du malheur et de la souffrance, une souffrance partagée par Dieu et les hommes, comme le montre son texte « L'amour de Dieu et le malheur ». Selon elle, dès l'origine, la Création implique, du côté de Dieu, une forme de souffrance : « La Création est de la part de Dieu un acte non pas d'expansion de soi, mais de retrait, de renoncement... Dieu a accepté cette diminution. Il a vidé de soi une partie de l'être. Il s'est vidé déjà dans cet acte de divinité ; c'est pourquoi saint Jean dit que l'Agneau a été égorgé dès la constitution du monde. »

Dieu ayant créé par amour et pour l'amour, la liberté est la condition indispensable qu'il doit accorder aux humains, d'où toutes les déviations possibles de leur part : « Nous sommes ce qui est le plus loin de Dieu, à l'extrême limite d'où il ne soit pas impossible de revenir à lui. En notre être, Dieu est déchiré. Nous sommes la crucifixion de Dieu. L'amour de Dieu pour nous est passion. Comment le bien pourrait-il aimer le mal sans souffrir ? Et le mal souffre aussi en aimant le bien. L'amour mutuel de Dieu et de l'homme est souffrance. » C'est alors que la philosophe nous adresse l'injonction suivante : « La joie et la douleur sont des dons également précieux, qu'il faut savourer l'un et l'autre intégralement, chacun dans sa pureté, sans chercher à les mélanger. Par la joie, la beauté du monde pénètre notre âme. Par la douleur, elle nous entre dans le corps... Pour que se forme en nous ce sens nouveau qui permet d'entendre l'univers comme étant la vibration de la parole de Dieu, la vertu transformatrice de la douleur et celle de la joie sont également indispensables. » Songeant au Christ sur la croix, elle dit encore ceci : « C'est dans le malheur lui-même que resplendit la miséricorde de Dieu. Tout au fond, au centre de son amertume inconsolable. Si l'on tombe en persévérant dans l'amour jusqu'au point où l'âme ne peut plus retenir le cri : "Mon Dieu, pourquoi m'as-tu abandonné ?", si l'on demeure en ce point sans cesser d'aimer, on finit par toucher quelque chose qui n'est plus le malheur, qui n'est plus la joie, qui est l'essence centrale, essentielle, pure, non sensible, commune à la joie et à la souffrance, et qui est l'amour même de Dieu. »

Simone Weil ne doute pas que l'ultime état de chaque être est son âme qui a absorbé en elle les données du corps et de l'esprit et qui a une partie déjà située dans l'autre monde. C'est cette partie libérée de l'âme qui est en mesure de rejoindre Dieu. En grande mystique, elle ne souhaite aucune « faveur » que Dieu pourrait accorder à une créature. Son seul désir, au moment de la mort, est de « devenir rien », puisque son seul propos, c'est d'être prise par Dieu, et elle s'interdit tout échafaudage subjectif d'un paradis. « Mon Dieu, accorde-moi de devenir rien », prie-t-elle, et elle ajoute : « À mesure que je deviens rien, Dieu s'aime à travers moi. » Ailleurs, elle est plus explicite : « Je me suis toujours interdit de penser à une vie future, mais j'ai toujours cru que l'instant de la mort est la norme et le but de la vie. Je pensais que pour ceux qui vivent comme il convient, c'est l'instant où, pour une fraction infinitésimale du temps, la vérité pure, nue, certaine, éternelle entre dans l'âme. » Et, une fois de plus, elle revient sur le cri du Christ sur la croix : « Mon Dieu, pourquoi m'as-tu abandonné ? » – elle y est revenue une huitaine de fois –, en disant qu'il est la « louange parfaite de la gloire de Dieu », car c'est alors qu'on est sûr de s'être totalement abandonné à Dieu. Elle n'en attend pas plus, même si elle ne refuse pas ce qui pourrait venir de surcroît : « Si Dieu accorde davantage, c'est son affaire ; nous le saurons plus tard. »

De l'âme

Voilà, pour l'heure, ce que je peux vous dire sur Simone Weil. Il y a tant d'autres aspects à connaître de sa pensée d'une richesse et d'une profondeur exceptionnelles. Mon but est atteint si je réussis à vous rendre sensible à cette figure pour qui l'amitié est la vertu suprême. Faites-la votre amie, vous ne serez pas déçue. Plus que dans le savoir, la vérité réside dans l'être.

En toute fidélité,

F.C.

Septième lettre

Ma chère amie,

Voici l'automne. Voici que je parviens au terme de ce que j'avais à vous dire sur l'âme. Mais en fait, pourrait-il y avoir un terme ? À mesure que l'âme parle à l'âme, ne pénètre-t-on pas au pays de la résonance, lequel est placé sous le règne de l'éternel ?

Vous rappelez-vous que lors de notre première rencontre, je m'étais demandé : « Qu'est-il arrivé ? » À nouveau, sur cette dernière colline de la parole, je m'interroge : que signifie cela, ce qui est arrivé ? Pourquoi avez-vous souhaité que je vous parle de l'âme ? Pourquoi ai-je eu la témérité de répondre à votre injonction ? Pourquoi à vous, et non à un ou une autre ? Pourquoi à ce moment, et non à un autre ? Pourquoi, finalement, obéissant à une irrépressible nécessité,

De l'âme

cette traversée, à la fois tâtonnante et résolue, du souterrain secret de notre être ?

Suis-je dans le vrai ? C'est une question qui me dépasse. Du moins me serai-je efforcé de demeurer au plus près des faits que j'ai pu observer, et qui ont été soumis à l'épreuve d'une longue vie de quête. Vous empruntez à Claudel l'expression de « co-naissance » pour qualifier l'expérience que nous venons de vivre ensemble. Pour ma part, j'oserais aller plus loin en disant qu'il s'agit forcément d'amour – au sens le plus élevé du mot –, d'un amour sans lequel tout ce que nous abordons ne saurait rester qu'à la surface. Admettons cependant que malgré cette correspondance qui a touché au plus intime de nous deux, vous restiez encore une *inconnue* pour moi. Eh bien, je dis : « C'est bien ainsi. »

Un heureux hasard veut qu'en ce moment même j'écoute le baryton Dietrich Fischer-Dieskau, disparu il y a quelques années. Sur ce vieux disque vinyle qui date d'avant notre rencontre, il chante un cycle de mélodies de Beethoven. Il était alors à l'aube de sa carrière, dans la juvénile mais combien poignante ardeur de son élan. Sommes-nous capables de retrouver cette fraîcheur d'âme qui était la nôtre à cette époque riche de promesses ? Le chant s'intitule

Septième lettre

An die ferne Geliebte, « À la bien-aimée lointaine ». Je vous prie, chère amie, de recevoir ce qui vient de moi – mes précédentes lettres, et ce qui va suivre en guise d'ultime confession – comme une adresse de même nature.

À la fin, il reste l'âme. En chaque être, le corps peut connaître la déchéance et l'esprit la déficience. Demeure cette entité irréductible, palpitant là depuis toujours, qui est la marque de son unicité. À moins d'être entièrement submergée, anéantie par sa propre part de pulsions destructrices, l'âme est reliée au courant de vie en devenir – la Voie –, parce qu'elle relève du Souffle originel qui est le principe de vie même. *Aum*-âme, âme-*Aum*. Et surtout, étant la marque de l'unicité de chacun, elle est, par sa meilleure part, le don irremplaçable que chacun peut apporter à ce courant de vie en question, contribuant à ses possibilités de métamorphose et de transfiguration.

À la fin, il reste l'âme. Je n'oublie pas les trois ordres de Pascal que je fais miens. Dans l'indispensable triade corps-esprit-âme, je reconnais pleinement le rôle de base du corps et le rôle central de l'esprit. Mais du point de vue du destin d'un individu, encore une fois, c'est l'âme qui prime ; elle qui est sa part la plus personnelle, donc la plus précieuse, l'état suprême de son être en quelque sorte. C'est à partir de cet état que chaque être est à même d'entrer en communion avec l'âme de l'univers.

Terreau des désirs et de la mémoire, l'âme est à mes yeux un mélange d'évidence et de mystère, d'une surprenante simplicité bien qu'en même temps d'une complexité effarante – les études en psychologie et en psychanalyse l'ont démontré. Mon propos, vous l'aurez compris, ne se situe pas à ce niveau. Je cherche seulement à cerner une vision plus globale, à saisir la place qu'occupe et le rôle que joue l'âme dans la constitution de notre être. Et je constate que sa vaste géographie, aux confins flous, est impossible à délimiter. De même, ses profondeurs, constituées de multiples strates conscientes ou inconscientes, dépassent la capacité d'une sonde, aussi subtile fût-elle, qui serait fabriquée par nous-mêmes. Pourtant se déposent en elle tout un ensemble de traces, d'empreintes, de sillons, de sillages qui semblent se prêter tout de même aux tentatives des instruments de mesure dont nous disposons, lesquels enregistrent, jusqu'à un certain degré de visibilité, ce qui vient du cerveau, du cœur, et ce qui surgit du sexe et des entrailles. L'âme se révèle un

Septième lettre

immense réservoir de gisements inexplorés prêts à être exploités autrement. Si « la terre est une vallée où poussent les âmes » (Keats), chaque âme est elle-même une vallée où, d'une vie vécue, ce qu'il y a de vital continue à pousser et à se transformer.

Au bout de tout, voici ce que j'ai saisi : la vraie vie n'est pas seulement ce qui a été donné comme existence ; elle est dans le désir même de vie, dans l'élan même vers la vie. Ce désir et cet élan étaient présents au premier jour de l'univers. Au niveau de chaque être cependant, ils sont fondés sur ce que son âme – par-delà les épreuves, les souffrances, les chagrins, les effrois, les blessures reçues ou infligées aux autres – aura préservé de sensations éprouvées, d'émotions vécues, d'inlassables aspirations à un au-delà de soi, de soifs et de faims aussi infinies que le besoin sans borne d'amour et de tendresse.

Au risque de la répétition, qui est un peu le caractère inévitable de ces lettres, je voudrais, avec votre indulgence, dire de façon plus globale certaines idées déjà exprimées, en essayant de faire encore un pas en avant.

Il y a donc le Grand Tout, et il y a chaque âme minuscule. Et tout, depuis toujours, est vécu par chaque âme unique. En dépit des malheurs causés par l'existence du Mal sous tous ses aspects, une immense donation a lieu. Tout le ciel étoilé, toute la terre nourricière, toute la splendeur de l'aube et du soir, toute la gloire du printemps et de l'automne, tout le Souffle animant l'univers porté par le vol d'oiseaux migrateurs, tous les hauts chants humains montés de la vallée des larmes, tout cela constitue un *ici et maintenant* où l'éternité se ramasse. Cet *ici et maintenant* ne peut rayonner, irradier, faire fleurir et porter fruit, susciter écho et résonance et, par là, prendre tout son sens que s'il est vécu par une âme. Ainsi, une immense expérience de vie est déposée là, dans l'ensemble de ces âmes qui ne sont nullement des entités vagues ou neutres, vides de contenu. Au contraire, ayant absorbé en elles le génie du corps et de l'esprit, ayant assumé les conditions tragiques de l'existence terrestre, elles sont devenues des entités éminemment incarnées et désirantes – et, partant, des candidates à un autre ordre de vie.

On rejoint là la grande intuition chinoise du Tao. Je dis « chinoise » car elle a été adoptée non seulement par les taoïstes, mais aussi par les confucéens et plus tard par les bouddhistes. Je dis « chinoise », mais je ne peux pas ne pas remar-

Septième lettre

quer que le Christ s'incarne en Voie, lui qui a dit : « Je suis la Voie, la Vérité, la Vie ». La marche de la Voie est-elle unidimensionnelle et en ligne droite, d'une manière plane à l'image d'une simple autoroute ? Aussi bien la pensée orientale que le christianisme récusent cette conception réductrice. Tous deux reconnaissent la nécessité de distinguer les différents ordres. Faut-il rappeler qu'à côté des trois ordres définis par Pascal, il y a ceux avancés par Laozi, le père du taoïsme : « L'Homme procède de la Terre, la Terre procède du Ciel, le Ciel du Tao, et le Tao de lui-même » (*Livre de la Voie et de sa Vertu*). Cette affirmation nous signifie que si l'aventure de la Vie comporte des étapes, elle implique aussi des étages. D'où différents ordres qui constituent autant d'états d'être. Ces différents ordres entretiennent des liens vitaux plus qu'étroits et, dans le même temps, d'un ordre à l'autre s'effectue une montée verticale qui est la loi même de la Voie dont la marche est conduite par le besoin d'ouverture et de dépassement, de métamorphose et de transfiguration. Et surtout, la pensée taoïste met l'accent sur le rôle transformateur de l'Un – comme Maître Eckhart de son côté – qui n'a de cesse de reprendre les choses par le haut. De l'Un émane le Multiple ; et l'Un prend le

De l'âme

Multiple en charge. Point d'aller sans retour ; point de dispersion sans réunification.

Rappelons que l'Un désigne ici le Souffle primordial, auquel est identifié l'Esprit divin, duquel dépend aussi le devenir harmonieux de l'âme de chaque être. C'est ainsi que Laozi précise d'une part qu'en se tenant à l'Un, le Ciel atteint son état le plus clair et la Terre son état le plus stable, et d'autre part qu'en étreignant l'Un, les deux parts de l'âme de chaque être seront séparées et pourtant demeureront ensemble. Selon la conception taoïste en effet, après la mort de chaque être, son *po*, « âme corporelle », réintègre la Terre, tandis que son *hun*, « âme spirituelle », gagne le Ciel. La primauté est accordée à l'âme spirituelle. C'est elle qui est garante de « mourir sans périr » parce qu'elle relève du Ciel, et que le Ciel est en pouvoir de prendre en charge ce qui vient de la Terre.

L'âme se révèle plus que la marque de l'unicité de chaque être. Indivisible et irréductible, elle assure, en fin de compte, l'unité foncière de l'être en question. De fait, c'est bien en nous appuyant sur la respiration et l'aspiration de notre âme que chacun de nous peut jouir d'une vision ouverte de la Voie, notre destin individuel y trouvant une

Septième lettre

issue. Là demeure en réalité la condition de notre vraie liberté.

La liberté, certains sont persuadés qu'elle serait forcément diminuée, piétinée par toute idée de transcendance. Ils placent leur dignité dans l'autonomie de l'individu : à leurs yeux rien ne doit être au-dessus, ni au-delà ! Selon leur vision, l'univers n'étant que matière ignorerait sa propre existence. Avec toute l'admiration que j'ai pour ceux d'entre eux qui sont de grands esprits, je leur réponds : « Ainsi donc, ce formidable avènement du monde aurait eu lieu et aurait duré de bout en bout des milliards d'années sans jamais le savoir ? Et vous qui êtes là, durant votre infime existence – un laps de temps de quelques secondes à l'aune de l'univers –, vous aurez *vu* et *su*, et vous vous permettez de déclarer avant de disparaître : "Il n'y a rien" ! Comment se fait-il alors que cette poussière, si ignorante et inerte, ait été capable d'engendrer des êtres aussi superbes que vous, qui traitez de haut ce qui est rien de moins que votre origine, en la prenant comme simple objet d'analyse ? Il me semble qu'il y a là une faille dans cette raison close trop sûre d'elle-même, qui refuse d'aller jusqu'au bout de son raisonnement. Une vraie transcendance reliant notre

De l'âme

destin à une destinée plus vaste, loin d'amoindrir nos valeurs ou nos mérites, nous grandit. Elle est l'Ouvert. »

À la fin, il reste à chacun l'âme. La mort corporelle fait partie des lois imposées par le principe de vie même. Elle permet à la vie de se renouveler, de se transformer et d'accéder à un autre ordre d'être. La mort corporelle, notre « sœur la mort corporelle », comme disait saint François, est incontournable. Étant un arrachement, elle est douloureuse. Mais la marche du Souffle vital se situe infiniment au-delà de la mort. Elle n'en finira pas de poursuivre sa Voie, selon l'adage formulé par les penseurs chinois : *Sheng-sheng bu-xi*, « La Vie engendre la Vie, il n'y aura pas de fin ». De tout l'univers, de toute éternité, il n'y a qu'une unique aventure, celle de la Vie, et nous en faisons partie. La Voie, pour continuer une incarnation réellement ouverte, n'a sans doute pas trop de toutes les âmes qui, ayant vécu, aspirent à la vraie Vie.

Aum-âme, âme-*Aum*.
Amen.

François

DU MÊME AUTEUR

Grand Prix de la francophonie
de l'Académie française 2001

Romans

LE DIT DE TIANYI, Albin Michel, prix Femina, 1998.
L'ÉTERNITÉ N'EST PAS DE TROP, Albin Michel, 2002.
QUAND REVIENNENT LES ÂMES ERRANTES, Albin Michel, 2012.

Essais et traductions

L'ÉCRITURE POÉTIQUE CHINOISE, Le Seuil, 1977, 1996.
VIDE ET PLEIN, LE LANGAGE PICTURAL CHINOIS, Le Seuil, 1979, 1991.
SOUFFLE-ESPRIT, Le Seuil, 1989, 2006.
ENTRE SOURCE ET NUAGE, LA POÉSIE CHINOISE RÉINVENTÉE, Albin Michel, 1990, 2002.
LE DIALOGUE, UNE PASSION POUR LA LANGUE FRANÇAISE, Desclée de Brouwer, 2002.
CINQ MÉDITATIONS SUR LA BEAUTÉ, Albin Michel, 2006, nouvelle édition 2008.
L'UN VERS L'AUTRE. EN VOYAGE AVEC VICTOR SEGALEN, Albin Michel, 2008.

ŒIL OUVERT ET CŒUR BATTANT. COMMENT ENVISAGER LA BEAUTÉ ?, Desclée de Brouwer, 2011.

CINQ MÉDITATIONS SUR LA MORT, AUTREMENT DIT SUR LA VIE, Albin Michel, 2013.

ASSISE, Albin Michel, 2013.

ENTRETIENS avec Françoise Siri, suivis de douze poèmes inédits, Albin Michel, 2015.

Livres d'art, monographies

L'ESPACE DU RÊVE, MILLE ANS DE PEINTURE CHINOISE, Phébus, 1980.

CHU TA, LE GÉNIE DU TRAIT, Phébus, 1986, 1999.

SHITAO, LA SAVEUR DU MONDE, Phébus, prix André-Malraux, 1998.

D'OÙ JAILLIT LE CHANT, Phébus, 2000.

ET LE SOUFFLE DEVIENT SIGNE, Iconoclaste, 2001, 2010.

PÈLERINAGE AU LOUVRE, Flammarion/Louvre, 2008.

LA JOIE. EN ÉCHO À UNE ŒUVRE DE KIM EN JOONG, Le Cerf, 2010.

Recueils de poésie

DE L'ARBRE ET DU ROCHER, Fata Morgana, 1989.

SAISONS À VIE, Encre marine, 1993.

36 POÈMES D'AMOUR, Unes, 1997.

DOUBLE CHANT, Encre marine, prix Roger-Caillois, 1998.
CANTOS TOSCANS, Unes, 1999.
POÉSIE CHINOISE, Albin Michel, 2000.
QUI DIRA NOTRE NUIT, Arfuyen, 2001.
LE LONG D'UN AMOUR, Arfuyen, 2003.
LE LIVRE DU VIDE MÉDIAN, Albin Michel, 2004.
À L'ORIENT DE TOUT, « Poésies » Gallimard, 2005.
QUE NOS INSTANTS SOIENT D'ACCUEIL, avec Francis Herth, Les Amis du Livre contemporain, 2005.
VRAIE LUMIÈRE NÉE DE VRAIE NUIT, Le Cerf, 2009.
LA VRAIE GLOIRE EST ICI, Gallimard, 2015.

Composition : IGS-CP
Impression : CPI Bussière en octobre 2016
Éditions Albin Michel
22, rue Huyghens, 75014 Paris
www.albin-michel.fr
ISBN broché : 978-2-226-32638-6
ISBN luxe : 978-2-226-18496-2
N° d'édition : 22434/01 – N° d'impression : 2025268
Dépôt légal : novembre 2016
Imprimé en France